DCG 10

COMPTABILITÉ APPROFONDIE

FICHES DE RÉVISION

2e édition

Lucrèce Ganet-M
Agrégée d'éconon
Professeur en clas

Ida Holcblat
Agrégée d'économie-gestion
Professeur en classes préparatoires au DCG

en partenariat avec

DUNOD
leader de l'expertise comptable

EDITIONS FRANCIS LEFEBVRE

Crédits iconographiques

p. 13 : © Newspaper by johartcamp from the Noun Project ; © translate by luca fruzza from the Noun Project ; p. 44 : © switch off by kloeg architecture from the Noun Project ; © ; toggle by Тимур Минвалеев from the Noun Project ; p. 56 : © scarcity by Angelo Troiano from the Noun Project ; © Abundance by Luis Prado from the Noun Project ; p. 113 : © link by Kevin White from the Noun Project ; © important by Seanau from the Noun Project ; © Minus by Igé Maulana from the Noun Project ; p. 114 : © calculating by Aneeque Ahmed from the Noun Project ; © question mark by Icon Island from the Noun Project ; p. 115 : © Sync by Muneer A.Safiah from the Noun Project ; later by priyanka from the Noun Project ; p. 135 : © give by Adrien Coquet from the Noun Project ; © receive by P Thanga Vignesh from the Noun Project ; p. 147 : © change by Ramesha from the Noun Project.

Maquette de couverture : Hokus Pokus
Maquette intérieure : Yves Tremblay
Mise en page : Nord Compo

11 rue Paul Bert, 92240 Malakoff
www.dunod.com
ISBN 978-2-10-80582-2

Sommaire

Avant-propos

Bienvenue dans l'univers des fiches de révision Expert Sup !

Retrouvez l'essentiel du programme en **cinq mots-clés.**

1 Mobiles

Les fiches sont détachables ! Elles permettent donc de réviser en toutes circonstances pour des usages variés : glissées dans le manuel, en complément du cours, à emporter partout pour optimiser votre temps (dans les transports, entre deux cours...), etc.

#Détachable #Pratique #Utile #Nomade

2 Simples

La structure des fiches est basique et claire. Chaque fiche comporte des titres et rubriques aisément repérables, des mots-clés, des notions essentielles surlignées.

#Clair #Concis #Efficace #PrêtÀRéviser

3 Visuelles

Les fiches détachables Dunod reprennent l'essentiel du cours comme vous auriez pu le faire. Les informations les plus importantes ont été sélectionnées et mises en avant dans les rubriques ou surlignées dans le texte.

Des schémas, tableaux et autres synthèses facilitent la mémorisation du cours.

#Synthétique #Visuel #Structuré

4 Ergonomiques

La navigation d'une fiche à l'autre est aisée : les nombreux renvois vous guident et vous permettent de progresser à votre rythme tout en liant les notions du programme. La lecture n'est donc pas nécessairement linéaire.

#Souple #Complémentaire

5 Fidèles au programme

100 % conformes au nouveau programme applicable depuis la rentrée 2019, les fiches couvrent toutes les notions incontournables. À la fin de chaque fiche, la rubrique « Le + de l'expert » vous offre de précieux conseils pour faire la différence lors de l'épreuve.

#Fiable #RéussiteAssurée

1 Profession comptable

Mots-clés

CNCC • Commissariat aux comptes • Déontologie • Devoir d'information et de conseil • Éthique • Expertise-comptable • H3C • OEC

1 Statuts et modalités d'exercice de la profession comptable

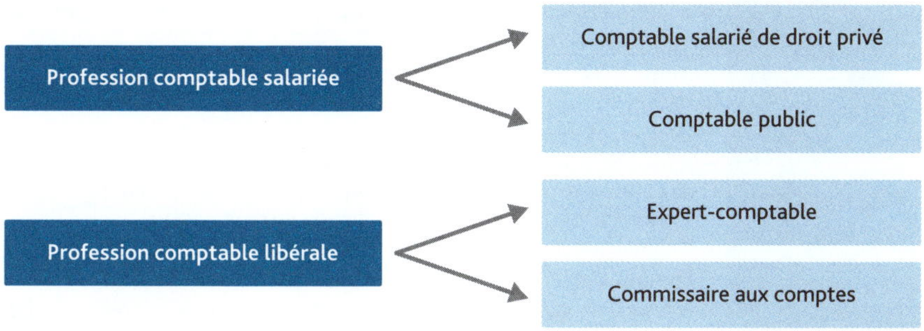

A. Comptable salarié de droit privé

Lieux d'exercice		Entreprises de toutes tailles et de tous secteurs d'activité, cabinets d'EC ou de CAC, associations, etc.
Statuts		• Cadre (directeur comptable et financier, chef comptable), employé qualifié, employé non qualifié (secrétaire comptable, aide-comptable), etc. • Depuis la loi Pacte, possibilité pour un expert-comptable salarié d'une entité non inscrite à l'OEC de s'inscrire au tableau de l'Ordre et de porter le titre d'« expert-comptable en entreprise » si son employeur l'y autorise.
Missions		Travaux comptables, contrôle de gestion, audit interne, etc.
Responsabilité	Disciplinaire	Sanction disciplinaire (du blâme au licenciement) en cas de faute (non-respect du règlement intérieur, de l'obligation de discrétion, etc.).
	Civile	Réparation des préjudices causés à autrui par sa faute ou par la faute des personnes dont il répond.
	Fiscale	Sanction fiscale en cas de délits fiscaux ou de complicité de délits fiscaux (omission d'écritures, fraude fiscale, etc.).
	Pénale	Sanction pénale en cas de délits ou de complicité de délits commis par d'autres (abus de confiance, violation du secret professionnel, etc.).

B. Comptable public

Statut	Fonctionnaire ou agent de droit public.
Missions	Tenue de la comptabilité des entités publiques et maniement des fonds publics.
Responsabilité	Outre les responsabilités disciplinaires, civiles et pénales, responsabilité pécuniaire et personnelle (sur ses deniers propres) des actes et contrôles que le comptable public effectue.

C. Expert-comptable

Nature de la mission		Mission contractuelle : la nomination d'un EC n'est jamais obligatoire.
Missions		• Missions comptables : tenue et révision comptable, aide aux déclarations fiscales et sociales, établissement des bulletins de paie, calcul de coûts, etc. • Mission de conseil : accompagnement à la création d'entreprise, aux projets d'investissement, à la recherche de financement, etc.
Modalités d'exercice		À titre individuel, sous la forme de société, ou en qualité de salarié d'un autre membre de l'**OEC** ou de la **CNCC** ou d'une AGC (association de gestion et de comptabilité).
Conditions d'exercice de l'activité		Inscription au tableau de l'OEC sous réserve de remplir les conditions suivantes : • Jouir de ses droits civils. • N'avoir subi aucune condamnation criminelle ou correctionnelle de nature à entacher son honorabilité et, notamment, aucune condamnation comportant l'interdiction du droit de gérer et d'administrer les sociétés. • Être titulaire du diplôme français d'expertise-comptable (DEC). • Présenter les garanties de moralité jugées nécessaires par le Conseil de l'OEC.
Normes professionnelles applicables		• Cadre de référence. • Normes professionnelles de maîtrise de la qualité (NPMQ). • Norme « anti-blanchiment ». • Normes professionnelles spécifiques. • Code de déontologie.
Incompatibilités		• Emploi salarié (sauf chez un autre membre de l'OEC ou de la CNCC ou dans une AGC). • Avec toute activité commerciale ou acte d'intermédiaire autre que ceux que comporte l'exercice de la profession, sauf s'il est réalisé à titre accessoire et n'est pas de nature à mettre en péril l'exercice de la profession ou l'indépendance des associés expert-comptable ainsi que le respect des règles déontologiques.
		• Statuts d'administrateur judiciaire, de mandataire ou de liquidateur. • Fait d'effectuer des travaux d'expertise-comptable dans des entreprises dans lesquelles il a directement ou indirectement des intérêts substantiels.
Honoraires		• Fixés librement entre le client et les expert-comptable, à condition qu'ils constituent une juste rémunération du travail réalisé. • Honoraires de succès introduits pas la loi Pacte (hors mission comptable exercée à titre principal ou mission déterminant l'assiette fiscale ou sociale).
Responsabilité	Disciplinaire	Sanction disciplinaire (de la réprimande à la radiation) prise par l'OEC en cas de non-respect des règles déontologiques.
	Civile	Réparation des préjudices causés à ses clients et aux tiers par sa faute ou par la faute des personnes dont il répond dans l'exercice de ses fonctions (le plus souvent, l'expert-comptable a une obligation de moyens).
	Fiscale	Sanction fiscale en cas de délits fiscaux (délit de fraude fiscale, d'omission d'écritures, etc.).
	Pénale	Sanction pénale en cas de délits ou de complicité de délits commis par d'autres (faux en écriture ou usage de faux, abus de confiance, violation du secret professionnel…).

D. Commissaire aux comptes (CAC)

Nature de la mission		Mission légale : nomination obligatoire d'un CAC dans les SA et les SCA ainsi que dans d'autres entités sous certaines conditions.
Mission		Certification que les comptes annuels sont réguliers et sincères et donnent une image fidèle du résultat, de la situation financière et du patrimoine de l'entité.
Modalités d'exercice		À titre individuel, sous la forme d'une société, ou en qualité de salarié d'un membre inscrit sur la liste des CAC ou au tableau de l'OEC.
Conditions d'exercice de l'activité		• Pour exercer cette activité, il convient : – d'être inscrit sur la liste des CAC (personne physique ou personne morale) ; – d'avoir été désigné par l'entité dont les comptes doivent être certifiés. • Conditions d'inscription sur la liste des CAC (auprès de la CRCC) : – être français, ressortissant d'un État membre de la CE, ou d'un État partie à l'accord sur l'EE ou d'un autre État étranger lorsque celui-ci admet les nationaux français à exercer le contrôle légal des comptes ; – présenter des garanties de moralité et d'aptitude professionnelle.
Normes professionnelles applicables		• Code de déontologie. • Normes d'exercice professionnel (NEP). • Bonnes pratiques professionnelles identifiées par le Haut Conseil du commissariat aux comptes (**H3C**).
Honoraires		Encadrés et fonction de la taille de l'entité auditée
Responsabilité	Disciplinaire	Sanction disciplinaire prononcée par la CNCC en cas de non-respect des règles déontologiques.
	Civile	Réparation des préjudices causés à ses clients et aux tiers par sa faute ou par la faute des personnes dont il répond dans l'exercice de ses fonctions (le CAC a une obligation de moyens).
	Pénale	Sanction pénale en cas de délits ou de complicité de délits commis par d'autres (violation du secret professionnel, non-révélation des faits délictueux, maintien des incompatibilités ou interdictions, rapport incomplet ou mensonger, etc.).

2 Organisations professionnelles

	Experts-comptables	Commissaires aux comptes
Organisme professionnel	Ordre des experts-comptables (OEC) représenté par le Conseil supérieur (CSOEC) et, au niveau régional, par les conseils régionaux (CROEC)	Compagnie nationale des CAC (CNCC) représenté par un Conseil national et, au niveau régional, par la compagnie régionale (CRCC)
Autorité de tutelle	Ministère de l'Économie et des Finances	• Ministère de la Justice • H3C

A. Missions de l'OEC

Missions principales du CSOEC	• Défense et représentation de la profession d'EC. • Élaboration des normes professionnelles et recommandations. • Organisation du contrôle de l'application des règles professionnelles. • Participation aux organisations professionnelles européennes et internationales.
Missions principales des CROEC	• Surveillance de l'exercice de la profession d'EC. • Contrôle disciplinaire des membres de l'Ordre. • Arbitrage des conflits professionnels.

B. Missions de la CNCC et du H3C

Missions principales du H3C	• Surveillance de la profession avec le concours de la CNCC. • Contrôle du respect de la déontologie et de l'indépendance des CAC.
Missions principales de la CNCC	• Représentation et défense de la profession de CAC. • Élaboration des normes d'exercice professionnel. • Contrôle de la profession en accord avec le H3C.
Missions principales des CRCC	• Accompagnement des membres de la Compagnie. • Contrôle de l'activité. • Valorisation de la profession.

3 Déontologie des experts-comptables et CAC

A. Notions d'éthique et de déontologie

Définitions

- La **déontologie** est l'ensemble des devoirs et des obligations imposés aux membres d'une profession.
- L'**éthique** est l'ensemble des valeurs et principes moraux qui guident les actions individuelles.

Les professions d'expert-comptable et de CAC sont régies par un code de déontologie. Le code de déontologie décrit l'éthique de la profession en définissant les règles de comportement à adopter. En cas de conduite non conforme à ces principes, le professionnel se voit sanctionné.

B. Principes fondamentaux de comportement à respecter

Intégrité	Honnêteté intellectuelle et droiture, absence, même en dehors de l'exercice de la profession, de tout comportement contraire à la probité et à l'honneur.
Impartialité	Absence de tout préjugé et de parti pris dans l'exercice de la profession, analyse objective des situations.

Indépendance	• Intégrité et objectivité dans l'exercice de la profession. • Évitement de toute situation de conflit d'intérêts du fait notamment de l'existence de liens personnels, professionnels (autorévision) ou financiers de nature à influencer l'exercice de la profession.
Compétence	Maintien par le professionnel d'un haut niveau de compétences et de connaissances notamment par le suivi de formation.
Confraternité	Adoption d'un comportement respectueux envers les autres membres de la profession et leurs travaux, devoir d'assistance réciproque.
Secret professionnel	Respect du secret professionnel et devoir de discrétion.

L'expert-comptable a aussi un **devoir d'information et de conseil** envers ses clients. D'après l'OEC, ce devoir naît du « déséquilibre présumé de connaissances entre le professionnel et son client », et se traduit par :

- Un devoir d'informer : l'expert-comptable se doit d'informer son client des options qui s'offrent à lui et des obligations qui s'imposent à lui.
- Un devoir de mise en garde : l'expert-comptable se doit d'alerter son client de toute anomalie ou omission découverte et d'en commenter la portée et le sens.
- Un devoir d'exiger : quand un client ne respecte pas ses obligations, l'expert-comptable doit user de son autorité et exiger les mesures qui s'imposent.
- Un devoir de refuser toute complaisance : l'expert-comptable doit clairement manifester sa réprobation et refuser toute complaisance à l'égard des agissements du client (SIC, n° 347, janvier 2016).

LE + DE L'EXPERT

La réprobation de l'expert-comptable doit toujours s'exprimer par écrit pour une meilleure traçabilité.

2 Normalisation comptable

Mots-clés

ANC • ARC • Compte consolidé • EFRAG • IASB • IFRS • Normalisation • Plan comptable général

Définition

La **normalisation** consiste à établir des principes et normes communes et partagées pour l'établissement et la présentation des comptes annuels.

La normalisation favorise la comparabilité de l'information comptable et financière.

1 Normalisation au niveau international

La normalisation au niveau international est assurée par un organisme indépendant à but non lucratif, l'IFRS Foundation. Son organe de normalisation est l'**IASB** (International Accounting Standards Board), responsable du développement et de la promotion des IFRS.

A. Normes internationales

Les **IFRS** (International Financial Accounting Standards) sont les normes internationales publiées depuis le 1er avril 2001. Elles se nommaient avant cette date IAS (International Accounting Standards).

L'application des normes IFRS est obligatoire pour les comptes consolidés des sociétés cotées européennes pour les exercices ouverts à compter du 1er janvier 2005 (règlement CE n° 1606-2002 dit « IFRS 2005 »).

Définition

Les **comptes consolidés** sont les comptes d'un groupe de sociétés.

B. Organisation de la normalisation internationale

L'élaboration de normes est assurée par deux entités, l'IASB et l'IFRS IC.

Interactions entre l'IASB et l'IFRS IC

IASB
- Élabore et publie les normes IFRS
- Approuve les interprétations proposées par l'IFRS IC

IFRS Interpretation Committee (IFRS IC)
- Répond aux questions relatives à l'application des nomes IFRS
- Instruit les demandes formulées par l'IASB

Les membres de ces deux organes sont nommés par les *Trustees* de l'IFRS, responsables de la gouvernance et de la surveillance de l'IASB. Ils nomment les membres de l'IASB et de l'IFRS IC, définissent la stratégie de normalisation, approuvent le budget et trouvent les moyens de financement nécessaires à l'organisation.

Le *Monitoring Board* est le conseil de surveillance des *Trustees*. Son rôle est d'assurer le lien entre les autorités publiques et les *Trustees* et de garantir la responsabilité publique de l'*IFRS Foundation*. Ce conseil est composé des principaux régulateurs de marché (Commission européenne, *Financial Services Agency of Japan, US Securities and Exchange Commission*, etc.).

2 Normalisation à l'échelle européenne

La normalisation européenne est assurée par la Commission européenne qui élabore les règlements et directives relatives à la comptabilité. La Commission européenne adopte les normes IFRS et décide de leur applicabilité au niveau européen.

Deux entités, l'EFRAG et l'ARC, interviennent dans le processus d'adoption des normes IFRS par l'Union européenne.

Définitions

- L'**EFRAG** (European Financial Reporting and Accounting Group) est un organisme technique indépendant de droit privé. Il participe au processus de normalisation de l'IASB et conseille la Commission européenne sur l'adoption des IFRS en émettant un avis technique sur les normes et les interprétations de l'IFRS IC.
- L'**ARC** (Accounting Regulatory Committee) est un organe à vocation politique présidé par la Commission européenne et composé de représentants de tous les États membres. Il fournit un avis sur l'adoption des normes IFRS.

Une fois adoptée, la norme IFRS est traduite dans chacune des langues de l'Union européenne et publiée au *Journal Officiel de l'Union européenne* (JOUE).

3 Normalisation à l'échelle nationale

Au niveau français :

– il existe plusieurs sources de droit comptable ;

– la normalisation est assurée par une instance professionnelle, l'Autorité des normes comptables (**ANC**).

A. Sources du droit comptable français

Les sources du droit comptable répondent à la hiérarchie des normes.

Hiérarchie des sources du droit comptable

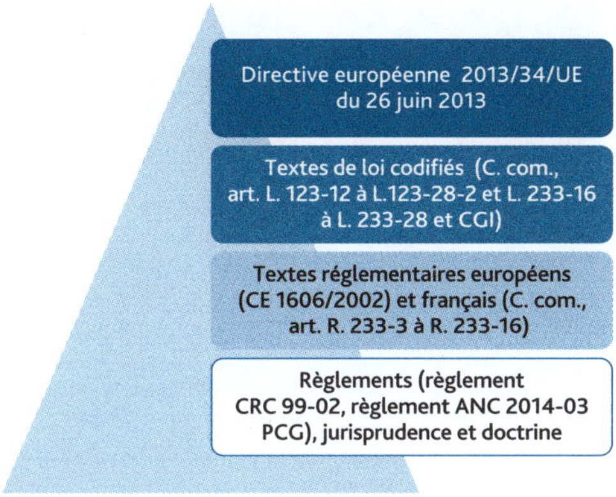

Deux référentiels comptables sont applicables en France :

- Les normes françaises comprenant le règlement 2014-03 (PCG) relatif aux comptes sociaux et le règlement 99-02 relatif aux comptes consolidés. L'ANC a publié un nouveau règlement n° 2020-01 relatif aux comptes consolidés applicable au 1er janvier 2021.
- Les normes internationales (IFRS).

Règles comptables applicables en France

	Normes françaises		IFRS	
	Comptes sociaux	Comptes consolidés	Comptes sociaux	Comptes consolidés
Sociétés cotées	Obligatoires	Interdites	Interdites	Obligatoires
Sociétés non cotées	Obligatoires	Obligatoires, sauf option IFRS	Interdites	Possibles sur option

B. Organisation de l'ANC

La normalisation comptable est assurée, en France, par l'**ANC**, qui est notamment responsable de l'élaboration du **Plan comptable général** (**PCG**) homologué par arrêté ministériel.

L'ANC participe également au processus de normalisation internationale à travers les travaux de l'IASB et de l'EFRAG.

Composition de l'ANC

Collège	Commission des normes comptables privées	Commission des normes comptables internationales	Autres comités de groupe
• 16 membres • Adopte les règlements, avis et recommandations	• 9 membres • Examine les projets de règlements, d'avis et de recommandations en matière de comptabilité privée	• 9 membres • Examine les projets de règlements, d'avis, de recommandations et de prise de décision en matière de normes comptables internationales	• Comités consultatifs • Groupes de travail

LE + DE L'EXPERT

Vous devez être capable de distinguer les normes comptables et les normes professionnelles :

- Les normes comptables définissent des règles pour la production et la présentation de l'information financière.
- Les normes professionnelles précisent le contenu et la méthodologie de mise en œuvre des missions des professionnels comptables (missions d'expertise comptable et d'audit).

3 Actif : définitions et principes généraux

Mots-clés

Actif • Avantage économique futur

1 Conditions d'activation d'un actif

Définition

Un **actif** est un élément identifiable du patrimoine ayant une valeur économique positive pour l'entité, c'est-à-dire un élément générant une ressource que l'entité contrôle du fait d'événements passés et dont elle attend des avantages économiques futurs (PCG, art. 211-1).

A. Conditions d'activation

Pour être activable, un actif doit satisfaire cinq conditions.

Conditions de définition et de comptabilisation d'un actif

- Trois conditions de définition
  - Élément identifiable
  - Élément contrôlé
  - Élément générant des avantages économiques futurs (AEF)
- Deux conditions de comptabilisation
  - Probabilité de bénéficier des avantages économiques futurs
  - Évaluation du coût ou de sa valeur avec une fiabilité suffisante

B. Précisions

Élément identifiable	Ce critère pose des difficultés pour les éléments incorporels qui n'ont pas de substance physique ou monétaire. Un élément incorporel est identifiable s'il est séparable des activités de l'entité, c'est-à-dire susceptible d'être vendu, transféré, loué ou échangé ou s'il résulte d'un droit légal ou contractuel.
Élément contrôlé	Il s'agit d'un contrôle économique plutôt que juridique : l'entité bénéficie des AEF de l'actif et peut restreindre son accès aux tiers.
Élément générant des avantages économiques futurs	L'**avantage économique futur** d'un actif est le potentiel qu'a cet actif de contribuer, directement ou indirectement, à des flux nets de trésorerie au bénéfice de l'entité.

▶ **Exemple**

Application des conditions d'activation

Un club de football d'une grande ville française vient de signer un contrat de 5 ans avec un joueur très prometteur pour une somme record de 1 500 000 €. Afin de déterminer si la dépense constitue un actif, il convient :

- D'étudier le respect des conditions de définition :
  - Élément identifiable : il s'agit d'un droit contractuel liant le joueur au club.
  - Élément contrôlé : le contrat assure au club le bénéfice des avantages économiques liés au joueur qui ne peut pas jouer pour un autre club.
  - Éléments générant des AEF : le joueur est susceptible d'améliorer la performance de l'équipe et, ainsi, contribuer à générer pour le club des flux nets de trésorerie (primes de matchs, droits dérivés etc.).

Les conditions de définition sont bien respectées.

- D'étudier le respect des conditions de comptabilisation :
  - Probabilité de bénéficier des avantages économiques futurs : le joueur devient un membre actif de l'équipe ce qui permettra au club de bénéficier des flux nets de trésorerie attendus.
  - Évaluation fiable du coût ou de sa valeur : son montant correspond à l'indemnité de transfert figurant dans le contrat conclu entre le club et le joueur.

Les critères de comptabilisation sont respectés. La dépense constitue bien un actif. ◀

2 Catégories d'actifs au sens du PCG

Immobilisation incorporelle	Actif non monétaire sans substance physique (PCG, art. 211-5)
Immobilisation corporelle	Actif physique détenu : – soit pour être utilisé dans la production ou la fourniture de biens ou de services – soit pour être loué à des tiers, soit à des fins de gestion interne et dont l'entité attend qu'il soit utilisé au-delà de l'exercice en cours (PCG, art. 211-6)
Stock	Actif détenu pour être vendu dans le cours normal de l'activité ou en cours de production pour une telle vente, ou destiné à être consommé dans le processus de production ou de prestation de services, sous forme de matières premières ou de fournitures (PCG, art. 211-7)
Charges constatées d'avance	Actifs qui correspondent à des achats de biens ou de services dont la fourniture ou la prestation interviendra ultérieurement (PCG, art. 211-8)

3 Principes d'évaluation à l'entrée

	Valeur des actifs à la date d'entrée dans le patrimoine
Actifs acquis à titre onéreux	Coût d'acquisition
Actifs produits	Coût de production
Actifs acquis par voie d'échange	Valeur vénale
Actifs acquis à titre gratuit	Valeur vénale

LE ✚ DE L'EXPERT

La définition ainsi que les critères de définition et de comptabilisation sont à apprendre par cœur pour l'examen.

4 Immobilisations corporelles et incorporelles : évaluation et comptabilisation

Mots-clés

Amortissement • Charge directe • Charge indirecte • Coût d'acquisition • Coût d'emprunt • Coût de production • Dépréciation • Sous-activité • Test de dépréciation

Définitions

- Une **immobilisation corporelle** est « un actif physique détenu, soit pour être utilisé dans la production ou la fourniture de biens ou de services, soit pour être loué à des tiers, soit à des fins de gestion interne et dont l'entité attend qu'il soit utilisé au-delà de l'exercice en cours » (PCG, art. 211-6).
- Une **immobilisation incorporelle** est « un actif non monétaire sans substance physique » (PCG, art. 211-5). On peut identifier un actif incorporel lorsque celui-ci peut être cédé, transféré ou loué ou, le cas échéant, s'il résulte d'un droit légal ou contractuel.

1 Évaluation et comptabilisation à l'entrée

A. Coût d'acquisition

Le **coût d'acquisition** d'une immobilisation corporelle est constitué de cinq types d'éléments (PCG, art. 213-8).

Éléments constitutifs du coût d'acquisition d'une immobilisation

Principe	Application
Prix d'achat, y compris les droits de douane et taxes non récupérables, après déduction des remises, rabais commerciaux et escomptes de règlement.	L'immobilisation est donc enregistrée pour son net financier plus les droits de douane et les taxes non récupérables (ex. : TVA non déductible).
Tous les coûts directement attribuables engagés pour mettre l'actif en place et en état de fonctionner selon l'utilisation prévue par la direction.	• Les coûts directement attribuables sont des coûts qui n'existeraient pas sans l'installation et/ou la mise en service de l'immobilisation (frais de transport par exemple). Les frais de personnel peuvent être inclus s'ils sont liés à l'installation de la machine. • Les frais externes de formation nécessaires à la mise en service de l'immobilisation peuvent être inclus dans le coût d'acquisition ou comptabilisés en charges. • Les coûts intervenant après la mise en service ne peuvent être inclus sauf s'ils viennent augmenter la durée de vie de l'immobilisation.
Les droits de mutation, honoraires ou commissions et frais d'actes, liés à l'acquisition, peuvent sur option être rattachés au coût d'acquisition de l'immobilisation ou comptabilisés en charges. Leur rattachement au coût d'acquisition de l'immobilisation constitue la méthode de référence.	• Ces éléments constituent des « frais d'acquisition », c'est-à-dire des charges encourues en raison de l'achat de l'immobilisation. • L'option choisie est globale pour les immobilisations corporelles et incorporelles. Une autre option peut être choisie pour les VMP et les titres immobilisés (↪ fiche 14).

Principe	Application
Estimation initiale des coûts de démantèlement, d'enlèvement et de restauration du site sur lequel elle est située, en contrepartie de l'obligation encourue, soit lors de l'acquisition, soit en cours d'utilisation de l'immobilisation pendant une période donnée à des fins autres que de produire des éléments de stocks.	• S'il existe au moment de l'acquisition une obligation de restaurer le site ou de démanteler l'immobilisation, l'estimation de ce coût est enregistrée dans le coût d'acquisition de l'immobilisation. • Le coût est comptabilisé dans un sous-compte de l'immobilisation en contrepartie d'une provision pour remise en état (compte 158) et est amorti selon un plan d'amortissement propre tant pour la durée que le mode.
Possibilité de rattacher les **coûts d'emprunt** au coût d'acquisition selon les dispositions prévues à l'article 213-9 du PCG.	• Les coûts d'emprunt (charges financières, intérêts) peuvent être incorporés au coût d'acquisition si : – l'entreprise a choisi cette option ; – l'actif est éligible, c'est-à-dire qu'il a nécessité une longue période d'acquisition. • Si ces conditions sont remplies, on peut inclure les coûts de la date de début d'acquisition ou d'emprunt si celui-ci est contracté après jusqu'à la mise en service. • Les coûts d'emprunt sont incorporés au coût d'acquisition en contrepartie du compte 796 – Transfert de charges financières.

Le coût d'acquisition d'une immobilisation incorporelle est sensiblement identique (PCG, art. 213-22), excepté qu'il n'y a pas de coût de démantèlement, enlèvement ou restauration du site.

B. Coût de production d'une immobilisation

Définitions

- Le **coût de production** d'une immobilisation corporelle est égal au coût d'acquisition des matières consommées augmenté des autres coûts engagés, au cours des opérations de production, c'est-à-dire des charges directes et indirectes qui peuvent être raisonnablement rattachées à la production du bien ou du service.
- Les **charges directes** sont les charges qu'il est possible d'affecter, sans calcul intermédiaire, au coût d'un bien ou d'un service déterminé (PCG, art. 213-15).
- Les **charges indirectes** correspondent à des charges qui concernent plusieurs objets de coûts (amortissements comptables, loyer de l'usine, etc.).

Comme pour le coût d'acquisition, les **coûts d'emprunt** peuvent être incorporés au coût de production.

Les charges directes comprennent généralement des charges de main-d'œuvre ayant directement concouru à la réalisation de l'immobilisation.

Une partie des charges indirectes peut être intégrée au coût de production si elles se rapportent à la production (les charges indirectes générales ne peuvent être incluses) tout en excluant la **sous-activité** (la suractivité ne nécessite aucun retraitement ➥ **fiche 12**).

C. Activation des coûts

La date à partir de laquelle les coûts peuvent être incorporés au coût d'acquisition ou de production est « la date à laquelle la direction a pris – et justifie au plan technique et financier – la décision de l'acquérir ou de la produire pour l'utiliser ou la céder ultérieurement, et démontre qu'elle générera des avantages économiques futurs » (PCG, art. 213-10).

Les coûts cessent d'être incorporables dès lors que l'immobilisation est en place et en état de fonctionner selon l'utilisation prévue par la direction. Il existe néanmoins des cas particuliers pour les immobilisations incorporelles (↪ fiches 9, 10 et 11).

D. Schéma de comptabilisation

Acquisition d'une immobilisation corporelle

		À la date d'acquisition	
21…		Immobilisations corporelles	
44562		État, TVA déductible sur immobilisations	
	404	Fournisseurs d'immobilisations	
	796	Transfert de charges financières	*Si activation des coûts d'emprunts*
	1581	Provisions pour remises en état	*Si coûts de restauration ou de démantèlement*

Production d'une immobilisation corporelle

		À la date d'achèvement	
21…		Immobilisations corporelles	
	722	Production immobilisée – Immobilisations corporelles	
	796	Transfert de charges financières	
	1581	Provisions pour remises en état	*Si coûts de restauration ou de démantèlement*

3 Évaluation à la clôture

A. Amortissement (PCG, art. 214-11 à 14)

Définition

L'**amortissement** d'un actif est la « répartition systématique de son montant amortissable en fonction de son utilisation » (PCG, art. 214-13).

L'amortissement concerne les immobilisations qui ont une durée de vie limitée. L'amortissement des immobilisations corporelles et incorporelles est obligatoire même en cas d'absence ou d'insuffisance de bénéfice (PCG, art. 214-11). Il débute généralement à la date de mise en service (PCG, art. 214-12).

B. Dépréciation (PCG, art. 214-15 à 20)

Définition

La **dépréciation** est une perte de valeur inopinée et imprévue de l'actif (ex. : choc technologique rendant obsolète l'immobilisation).

À la clôture de chaque exercice, l'organisation doit apprécier s'il existe un indice de perte de valeur de l'actif. Si cet indice existe, elle doit procéder à un **test de dépréciation** en comparant la valeur nette comptable (VNC) à la valeur actuelle de l'immobilisation, définie comme la valeur la plus élevée de la valeur d'usage ou la valeur vénale (PCG, art. 214-6). Si la valeur actuelle est inférieure à la VNC, l'entreprise doit procéder à une dépréciation et modifier de façon prospective le plan d'amortissement.

L'existence et le montant de la dépréciation doivent être suivis et actualisés à la clôture des exercices suivants. Si la dépréciation n'a plus lieu d'être (si la valeur actuelle devient supérieure à la VNC), elle doit être reprise.

Il faut bien s'assurer que la VNC après reprise d'une dépréciation n'excède pas la VNC qu'aurait eu l'immobilisation si aucune dépréciation n'avait été comptabilisée.

4 Évaluation à la sortie

A. Cession

À la date de cession, on enregistre la vente du bien, puis à cette même date ou à celle de l'inventaire, il convient :

- d'amortir l'immobilisation de la date de début d'exercice jusqu'à la date de cession ;
- de sortir le bien du bilan ;
- de reprendre les amortissements dérogatoires et les dépréciations, le cas échéant.

Concernant les frais de cession :

- S'ils sont non inhérents à la cession, ils sont enregistrés dans des comptes de charges par nature.
- S'ils sont liés à la cession, ils peuvent être enregistrés dans le compte 675 – Valeurs comptables des éléments d'actif cédés.

B. Mise au rebut

Il convient à la mise en rebut (ou à l'inventaire) :

- d'amortir l'immobilisation de la date de début d'exercice jusqu'à la date de mise au rebut ;
- de sortir le bien du bilan ;
- de reprendre les amortissements dérogatoires et les dépréciations, le cas échéant.

LE + DE L'EXPERT

- Une immobilisation doit être définie comme un actif détenu sur une période supérieure à l'exercice afin de le distinguer d'une charge et des autres actifs.
- Lors de l'acquisition d'un ensemble immobilier (construction et terrain), les honoraires de l'architecte ne constituent pas des frais d'acquisition, mais des coûts directement attribuables à la construction.

5 Immobilisations : comptabilisation des régularisations de TVA

Mots-clés

Cession • Coefficient de déduction • Déduction complémentaire • Immobilisation corporelle • Immobilisation incorporelle • Régularisation • Reversement

1 Champ d'application de la TVA déductible

Les articles 213-8 et 213-22 du PCG précisent que le coût d'acquisition d'une **immobilisation corporelle** ou d'une **immobilisation incorporelle** est notamment « constitué de son prix d'achat, y compris les droits de douane et taxes non récupérables [...] ». Lorsqu'elle n'est pas déductible, la TVA est donc incluse dans le coût d'acquisition de l'immobilisation.

2 Calcul du montant de TVA déductible

A. Calcul du coefficient de déduction

Le montant de TVA déductible est connu grâce au **coefficient de déduction** (CDE) :

TVA déductible = TVA payée × CDE

Par déduction, la TVA non déductible (et donc incluse dans le coût d'acquisition) est calculée ainsi :

TVA non déductible = TVA payée × (1 – CDE)

2		Comptes d'immobilisations	Prix HT + TVA non déductible	
44562		État, TVA déductible sur immobilisations	TVA déductible	
	404	Fournisseurs d'immobilisations		Montant TTC

B. Coefficients de déduction provisoire et définitif

Au cours de l'exercice (N), l'entreprise utilise un coefficient provisoire pour ses opérations imposables.

L'entreprise effectue une **régularisation** de TVA une fois que le coefficient définitif de l'exercice (N) est connu, soit au cours de l'exercice suivant (au plus tard le 25 avril N+1).

Par ailleurs, des régularisations de TVA sont possibles :
- durant la détention de l'actif (régularisations annuelles) ;
- à la cession de l'actif.

Ces régularisations interviennent durant tout le délai de régularisation (5 ans, pour les biens meubles ; 20 ans, pour les biens immeubles).

Le coefficient de déduction définitif constitue le coefficient de déduction de référence à partir duquel les régularisations seront effectuées.

Régularisations annuelles de TVA à partir du CDE définitif

Acquisition

1 TVA non récupérable (estimée à partir d'un **coefficient provisoire**) intégrée au coût d'acquisition de l'immobilisation

Date à laquelle le CDE définitif est connu

2 **Deux cas de figure**

1. Écart ≤ 5 points de % entre les **coefficients provisoire et définitif** : régularisation en charges (6788) ou produits (7788)	2. Écart > 5 points de % entre les **coefficients provisoire et définitif** : modification du coût d'acquisition de l'immobilisation (à la hausse ou à la baisse)

Détention

3 **Deux cas de figure**

1. Écart ≤ 10 points de % entre le **CDE de l'exercice et le CDE définitif de référence** : aucune régularisation à effectuer	2. Écart > 10 points de % entre le **CDE de l'exercice et le CDE définitif de référence** : régularisation en charges (6788) ou produits (7788)

Cession avant la fin du délai de régularisation

4 **Deux cas de figure**

1. **Revente, non soumise à TVA,** d'une immobilisation acquise avec TVA : • Reversement de TVA (augmentation de la valeur de l'immobilisation) • Débit : compte d'immobilisation / Crédit : compte de TVA à décaisser	2. **Revente soumise en totalité à la TVA** d'une immobilisation acquise avec une TVA partiellement déductible : • Déduction complémentaire de TVA (diminution de la valeur de l'immobilisation) • Débit : compte de TVA à décaisser / Crédit : compte d'immobilisations

▶ Exemple

L'entreprise ADI acquiert le 1er avril N une machine-outil d'une valeur de 100 000 € HT (TVA au taux normal). La durée d'utilisation prévue de la machine est de 5 ans. Son CDE provisoire est de 0,75. La TVA payée est de 100 000 × 20 % = 20 000. La TVA déductible est de 20 000 × 0,75 = 15 000, le reste (5 000) est intégré au coût d'acquisition de la machine.

		01/04/N		
2154		Matériel industriel (*100 000 + 0,25 × 20 000)*	105 000	
44562		État, TVA déductible sur immobilisations	15 000	
	404	Fournisseurs d'immobilisations		120 000

Étudions successivement les deux cas de figure présentés dans le schéma :
1. En N+1, le CDE définitif est de 0,65. La TVA déductible est finalement de 20 000 × 0,65 = 13 000. L'écart entre le CDE définitif et le CDE provisoire est supérieur à 5 points, la régularisation va donc affecter le coût d'acquisition de l'immobilisation. La TVA déductible est moins importante que ce qui était prévu ; le coût d'acquisition augmente donc.

		N+1		
2154		Matériel industriel (*15 000 – 13 000)*	2 000	
	44551	État, TVA à décaisser		2 000

2. En N+1, le CDE définitif est de 0,78. La TVA déductible est plus importante et s'élève à 20 000 × 0,78 = 15 600 €. L'écart est inférieur à 5 points, la différence est donc enregistrée en produits (**reversement de TVA**) :

		N+1		
44551		État, TVA à décaisser (*15 600 – 15 000)*	600	
	7788	Produits exceptionnels divers		600

Poursuivons le raisonnement en retenant, pour l'exercice N, un CDE définitif de référence de 0,78 et envisageons deux cas de figure :
1. Le CDE de N+2 est de 0,80 : l'écart entre le CDE définitif de référence de N (0,78) et de N+2 (0,8) est inférieur à 10 points de %. Il n'y a aucune écriture à enregistrer.
2. Le CDE de N+2 est de 0,90 : l'écart est supérieur à 10 points. On effectue donc une régularisation de 20 000 × (0,90 – 0,78) × 1/5 = 480.

		N+2		
44551		État, TVA à décaisser	480	
	7788	Produits exceptionnels divers		480

La machine est cédée le 1er avril N+3 avant la fin du délai de régularisation pour 50 000 € HT. Les amortissements cumulés à la date de cession sont de 63 000 €. Étudions les deux cas de figure :
1. La déduction à l'acquisition a été partielle (le CDE définitif de référence est de 0,78) et la cession n'est pas soumise à la TVA. L'entreprise effectuera donc un reversement venant augmenter la valeur de l'immobilisation.

		01/04/N+3		
462		Créances sur cessions d'immobilisations	50 000	
	775	Produits de cession des éléments d'actif		50 000

		01/04/N+3 ou 31/12/N+3		
2154		Matériel industriel	3 120	
	44551	État, TVA à décaisser *(20 000 × 0,78 × 1/5)*		3 120

		01/04/N+3 ou 31/12/N+3		
28154		Amortissements des matériels industriels	63 000	
675		Valeurs comptables des éléments d'actifs cédés	45 120	
	2154	Matériel industriel *(105 000 + 3 120)*		108 120

2. La déduction de TVA à l'acquisition a été partielle (CDE définitif de référence de 0,78) mais, cette fois, la cession est entièrement soumise à la TVA. L'entreprise effectuera donc une **déduction complémentaire** venant diminuer la valeur de l'immobilisation.

		01/04/N+3		
462		Créances sur cessions d'immobilisations	60 000	
	775	Produits de cession des éléments d'actif		50 000
	44571	État, TVA collectée		10 000

		01/04/N+3 ou 31/12/N+3		
44551		État, TVA à décaisser *(20 000 × 0,22 × 1/5)*	880	
	2154	Matériel industriel		880

		01/04/N+3 ou 31/12/N+3		
28154		Amortissements des matériels industriels	63 000	
675		Valeurs comptables des éléments d'actifs cédés	41 120	
	2154	Matériel industriel *(105 000 – 880)*		104 120

LE + DE L'EXPERT

À l'examen, le calcul du montant des régularisations de TVA sera fourni. Il est recommandé de suivre l'évolution du compte d'immobilisations au fur et à mesure des régularisations pour éviter toute erreur sur le solde du compte lors de la cession de l'actif.

6 Opérations de location-financement

Mots-clés

Crédit-bail • Location-financement • Principe de prééminence de la réalité sur l'apparence • Principe de prudence

Définition

Un contrat de **location-financement** (ou **crédit-bail**) est un contrat de location d'un bien mobilier ou immobilier d'une durée déterminée assortie d'une option d'achat à l'échéance du contrat.

1 Principes de comptabilisation issus du PCG et des IFRS

PCG	IFRS
Vision juridique *Exception aux conditions de définition d'un actif*	**Vision économique** *Principe de la prééminence de la réalité sur l'apparence*
↓	↓
Comptabilisation des loyers en **charges** Informations à fournir en **annexe**	Comptabilisation du bien à l'**actif** en contrepartie d'une dette financière au passif
Justification L'entité n'est pas le propriétaire du bien même si elle bénéficie des AEF générés par l'utilisation du bien.	**Justification** L'opération de crédit-bail est analysée comme un mode de financement de l'acquisition d'un bien.

Définition

Le **principe de prééminence de la réalité sur l'apparence** veut que les opérations soient comptabilisées conformément à leur réalité économique et non pas seulement selon leur forme juridique.

2 Comptabilisation des opérations de location-financement

		À la date de souscription du contrat		
275		Dépôts et cautionnements versés		
	512	Banque		
		À la date de versement du 1er loyer		
612		Redevances de crédit-bail	Montant HT	
44566		TVA sur autres biens et services	Montant TVA	
	512	Banque		Montant TTC

À la clôture, il peut être nécessaire d'enregistrer des écritures de régularisation :

- Si les loyers sont payables d'avance :

		À la date de clôture		
486		Charges constatées d'avance		
	612	Redevances de crédit-bail		

▶ Exemple

Pour un loyer annuel payable d'avance le 1er septembre N d'un montant de 12 000 € HT relatif à un contrat de crédit-bail immobilier :

		31/12/N		
486		Charges constatées d'avance	8 000	
	612	Redevances de crédit-bail 12 000 × 8/12		8 000

- Si les loyers sont payables à terme échu :

		À la date de clôture		
612		Redevances de crédit-bail		
	408	Fournisseurs – Factures non parvenues		

▶ Exemple

Pour un contrat de crédit-bail, contracté le 1er mars N, dont le loyer de 15 000 € HT est payable à terme échu :

		31/12/N		
612		Redevance de crédit-bail	12 500	
	408	Fournisseur – Facture non parvenue 150 000 × 10/12 = 12 500 €		12 500

À l'échéance du contrat, l'entité peut décider de :

- Lever l'option d'achat, le bien doit être comptabilisé à l'actif et sera, alors, amorti :

		À la date d'échéance du contrat		
2		Compte d'immobilisation	Prix option HT	
44562		TVA sur immobilisations	TVA	
	275	Dépôts et cautionnements versés		Montant dépôt
	512	Banque		Par différence

- Ne pas lever l'option d'achat, le dépôt de garantie lui est en principe restitué :

		À la date d'échéance du contrat		
512		Banque	Montant dépôt	
	275	Dépôts et cautionnements versés		Montant dépôt

3 Informations à fournir dans l'annexe

Les informations à fournir dans l'annexe sont présentées, en règles générales, sous la forme d'un tableau.

Postes du bilan	Valeur d'origine	Redevances payées		Amortissements théoriques		Redevances restant à payer			Prix d'achat résiduel
		De l'exercice	Cumulées des ex. précédents	De l'exercice	Cumulés des ex. précédents	À moins d'un an	À plus d'un an et à moins de 5 ans	Au-delà de 5 ans	

▶ Exemple

Soit un contrat de crédit-bail relatif à une machine-outil signé le 1er juillet N – 1 aux conditions suivantes :

- valeur d'origine : 60 000 € HT ;
- redevance annuelle payable d'avance : 12 000 € HT ;
- dépôt de garantie : 6 000 € ;
- durée du contrat : 6 ans ;
- prix de levée de l'option : 12 000 € HT.

Au 31/12/N, on présente l'annexe de la manière suivante :

Postes du bilan	Valeur d'origine	Redevances payées		Amortissements théoriques		Redevances restant à payer			Prix d'achat résiduel
		De l'exercice	Cumulées des ex. précédents	De l'exercice	Cumulés des ex. précédents	À moins d'un an	À plus d'un an et à moins de 5 ans	Au-delà de 5 ans	
Matériel industriel	60 000	12 000	12 000	10 000 (60 000/6)	5 000 (60 000/6 × 6/12)	12 000	36 000 (12 000 × 3)	0	12 000

LE ✚ DE L'EXPERT

Par simplification, les micro-entreprises et les sociétés pouvant présenter une annexe abrégée doivent seulement mentionner le montant des engagements de crédit-bail.

7 Immobilisations corporelles décomposées

Mots-clés

Composant • Composant de 1re catégorie • Composant de 2e catégorie • Gros entretien

1 Composants des immobilisations

Lorsque, dès l'origine, on peut identifier plusieurs **composants** dans une immobilisation ayant des durées de vie/d'utilisation différentes, on comptabilise et amortit séparément chacun de ces éléments (PCG, art. 214-9). Par définition, les immobilisations concernées ont généralement des durées de vie assez longues.

▶ Exemple

Dans un immeuble d'une durée de vie de 50 ans, il est possible de distinguer :
– la toiture (20 ans) ;
– les ascenseurs (5 à 25 ans). ◀

Le traitement comptable appliqué dépend du type de composant concerné (première ou deuxième catégorie).

Si l'entreprise opte pour l'immobilisation des frais d'acquisition, ceux-ci doivent être répartis au prorata de la valeur de la structure et des composants.

2 Traitement comptable des composants de 1re catégorie

Les **composants de 1re catégorie** ont une valeur significative (fiscalement : 1 % de la valeur totale s'il s'agit d'un bien immeuble ou 15 % dans le cas d'un bien meuble), sont destinés à être remplacés à intervalles réguliers et ont une durée d'utilisation différente de celle de l'immobilisation à laquelle ils se rattachent.

Dès l'origine, le coût d'entrée va se répartir entre les différents composants dans des sous-comptes de l'immobilisation principale.

▶ Exemple

Dans le cas d'un immeuble :
– la structure principale est enregistrée dans le sous-compte 213-1 ;
– la toiture est enregistrée dans le sous-compte 213-2. ◀

Chaque composant est amorti selon sa durée propre d'utilisation et selon son propre mode d'amortissement.

3 Traitement comptable des composants de 2e catégorie

Les **composants de 2e catégorie** sont « les dépenses d'entretien faisant l'objet de programmes pluriannuels de **gros entretien** ou de grandes révisions en application de lois, règlements ou de pratiques constantes de l'entité » (PCG, art. 214-10).

Ces dépenses sont engagées pour vérifier le bon fonctionnement de l'immobilisation.

▶ **Exemple**

Le contrôle technique des ascenseurs a lieu tous les 5 ans, sans en prolonger pour autant la durée de vie. ◀

Deux traitements sont possibles :

– la méthode par composants ;

– la constitution d'une provision pour gros entretien.

La méthode choisie doit être précisée en annexe.

▶ **Exemple**

La SA Tabon a acquis au 1er janvier N pour un des immeubles qu'elle fait construire, un nouvel ascenseur d'une valeur de 60 000 € HT, amortissable en linéaire sur 15 ans. Tous les 5 ans, une révision d'un coût prévisionnel de 5 000 € doit être effectuée. Le coût de la révision effectuée au 31/12/N+4 est finalement de 6 000 € HT.

• Méthode des composants

La valeur du composant est déduite de la structure et activée dans un sous-compte de l'immobilisation. Le composant est amorti sur la durée séparant deux gros entretiens ou deux grandes révisions.

Débit	Crédit	Libellé	Débit	Crédit
		01/01/N		
2135-1		Ascenseur – structure *(60 000 – 5 000)*	55 000	
2135-2		Ascenseur – composant (grande révision)	5 000	
44562		État, TVA déductible sur immobilisations *(60 000 x 20 %)*	12 000	
	404	Fournisseurs d'immobilisations		72 000
		31/12/N, N+1, N+2, N+3, N+4		
68112		Dotations aux amortissements des immobilisations corporelles	5 000	
	28135-1	Amortissements des ascenseurs – structure *(60 000/15)*		3 667
	28135-2	Amortissements des ascenseurs – composant *(5 000/5)*		1 000
		31/12/N+4		
28135-2		Amortissements des ascenseurs – composant (soldé)	5 000	
	2135-2	Ascenseur – composant		5 000
		Sortie de l'ancien composant		
		31/12/N+4		
2135-2		Ascenseur – composant	6 000	
44562		État, TVA déductible sur immobilisations	1 200	
	404	Fournisseurs d'immobilisations		7 200
		Entrée du nouveau composant		

• Méthode de la provision pour gros entretien

La valeur du composant est provisionnée de façon progressive sur la durée séparant deux gros entretiens ou deux grandes révisions. La provision est reprise lors de la réalisation de l'entretien ou de la révision enregistré en charges.

		01/01/N		
2135-1		Ascenseur – structure	60 000	
44562		État, TVA déductible sur immobilisations (*60 000 x 20 %*)	12 000	
	404	Fournisseurs d'immobilisations		72 000
		31/12/N à N+14		
68112		Dotations aux amortissements des immobilisations corporelles	4 000	
	28135-1	Amortissements des ascenseurs – structure (*60 000/15*)		4 000
		31/12/N à N+3		
6815		Dotations aux provisions (*5 000/5*)	1 000	
	1572	Provisions pour gros entretien		1 000
		31/12/N+4		
1572		Provisions pour gros entretien (*1 000 x 4*)	4 000	
	781	Reprises sur provisions		4 000
615		Entretiens et réparations	6 000	
44566		État, TVA déductible sur autres biens et services	1 200	
	404	Fournisseurs d'immobilisations		7 200

LE + DE L'EXPERT

En IFRS, seule la méthode par composants est admise (norme IAS 16). A l'examen, par simplification, les frais d'acquisition peuvent être rattachés à la structure.

8 Réévaluation libre

Mots-clés

Amortissement • Cession d'immobilisation • Dépréciation • Écart de réévaluation • Plan d'amortissement • Réalité économique • Réévaluation libre • Test de dépréciation

1 Principe

PCG, art. 214-27. Des ajustements de valeur portant sur l'ensemble des immobilisations corporelles et financières peuvent être effectués dans le cadre de la réévaluation des comptes.

Définition

La **réévaluation libre** consiste à réévaluer globalement à la hausse le coût des immobilisations corporelles et financières.

Même si cette pratique contrevient au principe de nominalisme monétaire (coût historique) et est peu courante en raison de ses incidences fiscales, la **réévaluation libre** permet de donner une image plus fidèle de la **réalité économique** de l'entité.

Conforme aux normes IFRS, la réévaluation libre est comparable au **test de dépréciation** (↳ fiche 4) :

- On compare la VNC de l'ensemble des immobilisations corporelles et financières à leur valeur actuelle.
- L'écart entre la VNC et la VA correspond à l'**écart de réévaluation**. Celui-ci est inscrit en capitaux propres dans le compte 1052 – Écart de réévaluation.
- L'écart de réévaluation peut être incorporé au capital et ne peut compenser des pertes (sauf s'il a été incorporé au capital au préalable).

L'écart de réévaluation peut aussi être transféré progressivement au cours de chaque exercice bénéficiaire à un compte distribuable (ex. : 1068 – Autres réserves) à hauteur du supplément d'amortissement relatif à la partie réévaluée de l'immobilisation.

Si l'immobilisation n'est pas amortissable, l'écart de réévaluation est transféré au moment de la cession de l'immobilisation.

► **Exemple**

Au 31 décembre N, l'entreprise SESO souhaite procéder à la réévaluation libre de ses immobilisations.

Immobilisation	Date d'acquisition	Durée de vie (en années)	Valeur brute	Amortissements et dépréciations	Valeur nette au 31/12/N	Valeur actuelle au 31/12/N
Terrain	01/01/N-4		200 000		200 000	250 000
Construction	01/01/N-4	15	600 000	200 000	400 000	800 000
Installation technique	01/01/N-3	6	150 000	100 000	50 000	100 000

L'écart de réévaluation est de + 50 000 pour le terrain, + 400 000 pour la construction et + 50 000 pour l'installation technique, soit au total : 500 000.
L'écriture de réévaluation est la suivante :

		31/12/N		
211		Terrain	50 000	
213		Construction	400 000	
215		Installation technique	50 000	
	1052	Écart de réévaluation		500 000

2 Comptabilisations ultérieures

A. Amortissements et dépréciations

La valeur brute de l'immobilisation étant modifiée, le **plan d'amortissement** doit également l'être de manière prospective. Il faut donc amortir la valeur nette comptable réactualisée de l'immobilisation sur la durée de vie résiduelle de celle-ci.

Les **dépréciations** sont constatées de manière habituelle sans que l'écart de réévaluation ne soit affecté.

▶ Exemple (suite)

Au 31 décembre N+1, l'entreprise SESO effectue les opérations d'inventaire, sachant qu'il n'existe pas d'indice de perte de valeur et que l'entreprise a choisi de transférer progressivement l'écart de réévaluation en réserves distribuables. L'exercice N+1 est bénéficiaire.
La dotation aux amortissements pour la construction est calculée sur la VNC réévaluée (800 000) et la durée de vie résiduelle (10 ans), soit 800 000/10 = 80 000. L'ancienne dotation annuelle aux amortissements était de 600 000/15 = 40 000.
L'écart de réévaluation à transférer en réserves distribuables est de 80 000 – 40 000 = 40 000 ou bien 400 000 (écart de réévaluation)/10 (durée de vie résiduelle) = 40 000.
La dotation aux amortissements pour l'installation technique est de 100 000/2 = 50 000. L'ancienne dotation annuelle aux amortissements était de 150 000/6 = 25 000.
L'écart de réévaluation à transférer en réserves distribuables est de 50 000 – 25 000 = 25 000 ou 50 000/2 = 25 000.
L'écriture de transfert est la suivante :

		31/12/N+1		
1052		Écart de réévaluation (40 000 + 25 000)	65 000	
	1068	Autres réserves		65 000

B. Cession de l'immobilisation

La **cession d'immobilisation** est enregistrée selon les règles habituelles. Si l'écart de réévaluation n'a pas été incorporé au capital ou transféré en réserves distribuables, le transfert est effectué au moment de la cession.

▶ Exemple (suite)

Au 31/12/N+2, l'entreprise SESO cède le terrain et la construction. En plus des écritures classiques de cession (non présentées ici), il faut procéder au transfert de l'écart de réévaluation, soit 50 000 pour le terrain et 400 000 – 40 000 = 360 000 pour la construction.

		31/12/N+2		
1052		Écart de réévaluation (50 000 + 360 000)	410 000	
	1068	Autres réserves		410 000

LE ✚ DE L'EXPERT

L'utilisation de la réévaluation libre pour des actifs immobiliers offre aux investisseurs une information sur la valeur actuelle (valeur de marché) des actifs de l'entreprise. Elle s'inscrit dans la logique anglo-saxonne de *value relevance*.

9 Immobilisations incorporelles : les opérations de recherche et de développement

Mots-clés

Brevet • Frais de développement • Frais de recherche

1 Opérations de recherche et opérations de développement

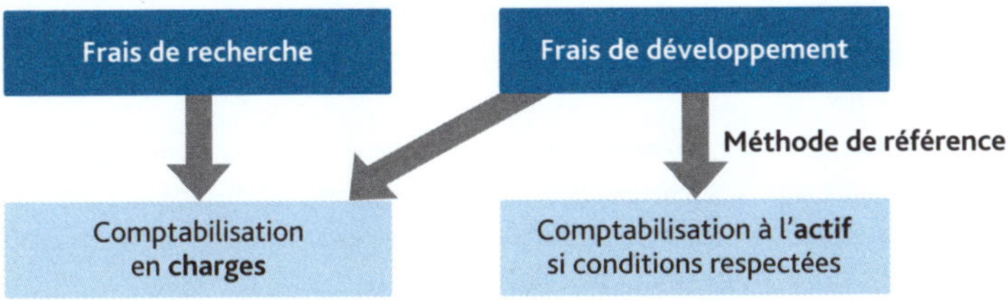

Si une entité ne peut distinguer la phase de recherche de la phase de développement d'un projet, la dépense au titre de ce projet est considérée comme une dépense de recherche.

▶ Exemples (d'après l'avis du CNC n° 2004-15)

- Opérations de recherche : activités visant à obtenir de nouvelles connaissances ; recherche de solutions alternatives pour les matières, dispositifs, produits, procédés, systèmes ou services.
- Opérations de développement : conception, construction et tests de préproduction ou de pré-utilisation de modèles et prototypes ; conception d'outils, moules impliquant une technologie nouvelle ; conception, construction et tests pour des matériaux, dispositifs, produits, procédés, systèmes ou services nouveaux ou améliorés. ◀

2 Conditions d'activation des frais de développement

PCG, art. 212-3. Les frais de développement peuvent être comptabilisés à l'actif s'ils se rapportent à des projets nettement individualisés, ayant de sérieuses chances de réussite technique et de rentabilité commerciale.

A. Critères à respecter

L'entité doit respecter l'ensemble des critères suivants :

- La faisabilité technique nécessaire à l'achèvement de l'immobilisation incorporelle en vue de sa mise en service ou de sa vente.
- L'intention d'achever l'immobilisation incorporelle et de l'utiliser ou de la vendre.
- La capacité à utiliser ou à vendre l'immobilisation incorporelle.
- La capacité de l'immobilisation incorporelle à générer des avantages économiques futurs probables. L'entité doit démontrer, entre autres choses, l'existence d'un marché

pour la production issue de l'immobilisation incorporelle ou pour l'immobilisation incorporelle elle-même ou, si celle-ci doit être utilisée en interne, son utilité.

- La disponibilité de ressources (techniques, financières et autres) appropriées pour achever le développement et utiliser ou vendre l'immobilisation incorporelle.
- La capacité à évaluer de façon fiable les dépenses attribuables à l'immobilisation incorporelle au cours de son développement.

B. Dépenses non activables

Plusieurs types de frais de recherche et de développement ne peuvent être activés :

- Les **frais de recherche** se situant trop en amont de la production ou de la commercialisation car ils ne satisfont pas au critère de probabilité d'obtention d'avantages économiques futurs.
- Les dépenses engagées pour créer en interne des fonds commerciaux, des marques, des titres de journaux et de magazines, des listes de clients et autres éléments similaires en substance car elles ne peuvent pas être distinguées du coût de développement de l'activité dans son ensemble (PCG, art. 212-3-3).
- Les frais de recherche et développement engagés à l'occasion d'une commande spécifique d'un client.

3 Comptabilisation des frais de développement

À partir de la date où les conditions d'activation sont respectées jusqu'à la date d'achèvement du projet, les frais de développement peuvent être activés :

203		Frais de recherche et de développement		
	721	Production immobilisée incorporelle		

- Art. 214-3 du PCG : les frais de développement sont amortis sur la durée d'utilisation estimée du projet. Si cette durée ne peut être déterminée de façon fiable, ils sont amortis sur une durée maximale de 5 ans :

68111		Dotations aux amortissements des immobilisations incorporelles		
	2803	Amortissements des frais de recherche et de développement		

- Si le projet de développement conduit au dépôt d'un **brevet**, l'entité comptabilise l'entrée du brevet dans son patrimoine par la sortie des frais de développement :

2803		Amortissements des frais de recherche et de développement		
205		Brevets		
	203	Frais de recherche et de développement		

▶ Exemple

Fin N–1, un projet de développement d'un procédé de fabrication innovant débuté en janvier N–1 (coût total de 100 000 €) s'achève. Le procédé doit être utilisé pendant 5 ans à partir de début N. Face aux retombées de ce procédé, l'entité dépose un brevet fin N.

		31/12/N–1		
203		Frais de recherche et de développement	100 000	
	721	Immobilisations incorporelles		100 000
		31/12/N		
68111		Dotations aux amortissements des immobilisations incorporelles	20 000	
	2803	Amortissements des frais de recherche et de développement *Amortissement du projet : 100 000/5*		200 000
		31/12/N		
2803		Amortissements des frais de recherche et développement	20 000	
205		Brevets	80 000	
	203	Frais de recherche et de développement *Dépôt du brevet*		100 000

LE + DE L'EXPERT

En IFRS, les coûts de développement doivent être activés dès que les conditions sont réunies (IAS 38).

10 Immobilisations incorporelles : logiciels et sites Internet

Mots-clés

Amortissement dérogatoire • Logiciel • Site Internet

1 Logiciels

A. Catégories de logiciels

Trois types de **logiciels** :

- Logiciels indissociables du matériel : système d'exploitation inclus avec l'ordinateur.
- Logiciels développés dans le cadre d'un projet de développement.
- Logiciels autonomes :
  - logiciel à usage commercial (PCG, art. 611-1), destiné à être vendu, loué ou commercialisé sous d'autres formes ;
  - logiciel à usage interne, destiné à toute autre forme d'usage.

B. Règles de comptabilisation

Comptabilisation selon le type de logiciel

	Comptabilisation initiale	Comptabilisation à la clôture
Logiciels indissociables du matériel	Comptabilisés avec l'immobilisation correspondante	Amortissement suivant les règles de l'immobilisation correspondante
Logiciels faisant partie d'un projet de développement	Comptabilisés avec le projet de développement	Amortissement suivant les règles des frais de développement (s'ils ont été activés)
Logiciels autonomes acquis	Enregistrés en immobilisations à leur coût d'acquisition	Amortissement à compter de la date d'acquisition sur leur durée d'utilisation propre
Logiciels autonomes créés	Obligatoirement enregistrés en immobilisations à leur coût de production(1) s'ils respectent les conditions énoncées aux articles 611-2 ou 611-3 du PCG	Amortissement à compter de la date d'achèvement sur leur durée d'utilisation propre

(1) Coût de production d'un logiciel (art. 611-14) : « coûts liés à la conception détaillée de l'application – aussi appelée analyse organique – à la programmation – aussi appelée codification –, à la réalisation des tests et jeux d'essais et à l'élaboration de la documentation technique destinée à l'utilisation interne ou externe. »

Schéma de comptabilisation des logiciels créés

Avant l'achèvement	Les coûts sont activés ainsi :		
			À la date de clôture
	232		Immobilisations incorporelles en cours
		721	Production immobilisée – Immobilisations incorporelles
	Si le projet perd de la valeur, une dépréciation est enregistrée :		
			À la date de clôture
	687		Dotations exceptionnelles
		2932	Dépréciation des immobilisations incorporelles en cours
À l'achèvement	Lorsque le projet est terminé :		
			À la date de clôture
	205		Logiciels
		232	Immobilisations en cours
		721	Production immobilisée – Immobilisations incorporelles
En cas d'échec			À la date de clôture
	675		Valeur comptable des éléments d'actifs cédés
		232	Immobilisations incorporelles en cours

C. Amortissement fiscal des logiciels créés

Les dépenses de création de logiciels peuvent être intégralement déduites de l'exercice durant lequel elles ont été engagées, *via* un **amortissement dérogatoire** même si l'immobilisation n'est pas achevée.

2 Sites Internet créés en interne

A. Règles comptables

Les règles de comptabilisation diffèrent selon les types de **sites Internet**.

Typologie comptable des sites Internet créés en interne

Sites Internet passifs
Transmission d'informations à caractère général sur l'entreprise (sites institutionnels)

Sites Internet actifs
Possibilité, pour les clients, de passer commande (sites marchands)

Sites Internet passifs et actifs

	Comptabilisation	Amortissement
Sites passifs	Comptabilisés en charges	Absence d'amortissement
Sites actifs	Peuvent être comptabilisés à l'actif à leur coût de production [1] s'ils respectent les conditions énoncées à l'article 612-1 du PCG (méthode de référence)	Amortissement à partir de leur date d'achèvement sur leur durée d'utilisation (nom de domaine non amortissable)

(1) Entrent dans le coût de production des sites Internet (PCG, art. 612-2) les frais nécessaires à l'obtention et à l'immatriculation d'un nom de domaine ; l'acquisition ou le développement du matériel et du logiciel d'exploitation qui se rapportent à la mise en fonctionnalité du site ; le développement, l'acquisition ou la fabrication sur commande d'un code pour les programmes, de logiciels de bases de données, et de logiciels intégrant les applications distribuées dans les programmes ; la réalisation de la documentation technique ; les coûts afférents au contenu, notamment les frais induits par la préparation, l'alimentation et la mise à jour du site ainsi que l'expédition du contenu du site.

B. Règle fiscale

Fiscalement, les dépenses de conception de sites Internet sont assimilées à des dépenses de conception de logiciels et sont donc déductibles, dès leur inscription à l'actif, sous la forme d'un amortissement dérogatoire.

LE + DE L'EXPERT

- Les logiciels doivent être inscrits à l'actif alors que les sites Internet créés en interne peuvent être inscrits à l'actif (méthode de référence).
- Pour éviter d'amortir par erreur le nom de domaine, pensez à le comptabiliser à part dans un sous-compte du compte 205.

11 Immobilisations corporelles et incorporelles : cas spécifiques

Mots-clés

Brevet • Clause de réserve de propriété • Fonds commercial • Marque • Redevance • Remise en état

1 Immobilisations acquises avec clause de réserve de propriété

Définition

Une **clause de réserve de propriété** (CRP) est une clause en vertu de laquelle le vendeur d'un bien en reste propriétaire jusqu'au paiement complet du prix.

Les immobilisations acquises avec CRP sont comptabilisées à la date de livraison et non à celle de transfert de propriété (PCG, art. 512-3). La clause est donc sans effet sur la comptabilisation de ces biens à l'actif du bilan et leur amortissement ou dépréciation.

Au bilan, les actifs avec CRP sont regroupés sur une ligne distincte.

2 Immobilisations sinistrées

A. Cas d'une immobilisation réparable

Si la réparation constitue une simple **remise en état** de l'actif, la dépense est enregistrée en charges d'exploitation :

615		Entretien et réparations		
44566		TVA déductible sur ABS		
	512	Banque		

Si la réparation entraîne une hausse de la valeur de l'immobilisation ou de sa durée d'utilisation, la dépense est enregistrée à l'actif en immobilisations corporelles.

L'indemnité d'assurance est enregistrée en transfert de charges d'exploitation dès la fixation de son montant :

512/467		Banque/Autres comptes débiteurs		
	791	Transferts de charges d'exploitation		

B. Cas d'une immobilisation détruite

L'immobilisation doit être sortie du patrimoine de l'entité par l'enregistrement de sa valeur nette comptable en charges exceptionnelles :

		31/12/N		
281		Amortissements des immobilisations corporelles	Cumul des amortissements	
675		Valeur comptable des éléments d'actif cédés	VNC	
	21	Immobilisations corporelles		VB

L'indemnité d'assurance est enregistrée en produits exceptionnels :

512/467		Banque/Autres comptes débiteurs	
	775	Produits de cession des éléments d'actif	

Pour les sociétés soumises à l'impôt sur les sociétés, l'imposition des plus-values des immobilisations sinistrées peut être étalée sur plusieurs exercices à partir de l'exercice suivant le **sinistre**. Une provision pour impôts peut alors être constituée à la clôture de l'exercice de réalisation du sinistre :

6875		Dotations aux provisions exceptionnelles	PV × taux IS
	155	Provisions pour impôts	

Elle sera reprise au même rythme que l'imposition de la plus-value à la clôture des exercices suivants :

155		Provisions pour impôts	Provision/durée d'étalement
	7875	Reprises sur provisions exceptionnelles	

3 Immobilisations incorporelles : cas spécifiques

A. Immobilisations acquises moyennant le paiement de redevances

Le prix de certaines immobilisations incorporelles (brevet, marque, fonds commercial) se décompose en :

– une part fixe versée à la signature du contrat ;

– une part variable versée annuellement et calculée à partir du chiffre d'affaires généré par l'actif pendant une certaine durée (**redevance**).

L'entité ne connaît pas le coût d'acquisition de l'immobilisation à la date de signature du contrat. Il est estimé à partir de la partie fixe augmentée de la somme actualisée des redevances probables versées au cours du contrat. Cette valeur constitue la base amortissable de l'actif.

		À la date d'acquisition		
20		Immobilisations incorporelles	Coût d'acquisition	
44562		TVA sur immobilisations	TVA sur part fixe	
	512	Banque		Part fixe TTC
	404	Fournisseurs d'immobilisations		Part variable HT

▶ Exemple

Le 1er janvier N, acquisition d'un brevet contre le versement immédiat de 15 000 € et le versement annuel d'une redevance égale à 2 % du CA HT pendant 5 ans. L'entité estime à 250 000 € HT le CA généré grâce au brevet et retient un taux d'actualisation de 5 %.

Coût d'acquisition estimé = $15\,000 + 5\,000 \times (1 - 1{,}05^{-5})/0{,}05 = 36\,647$ €.

		01/01/N		
205		Brevets	36 647	
44562		TVA sur immobilisations *(15 000 × 20 %)*	3 000	
	512	Banque *(15 000 × 1,2)*		18 000
	404	Fournisseurs d'immobilisations		21 647

Au cours des exercices suivants, le versement des redevances apure le compte de dette fournisseurs :

404		Fournisseurs d'immobilisations	Redevance HT	
44562		TVA sur immobilisations	TVA sur redevance	
	512	Banque		Redevance TTC

Lorsque le total des redevances versées devient :

- Supérieur au montant de la dette fournisseur, la différence constitue une charge exceptionnelle.
- Inférieur au montant de la dette fournisseur, la différence constitue un produit exceptionnel et un test de dépréciation doit être effectué (↪ fiche 4).

404		Fournisseurs d'immobilisations	Solde du compte	
44562		TVA sur immobilisations	TVA sur redevance	
6788		Charges exceptionnelles diverses *ou*	*Par différence*	
	7788	Produits exceptionnels divers		*Par différence*
	512	Banque		Redevance TTC

▶ Exemple (suite)

Au 1er janvier N+4, après le versement de la 4e redevance, le solde du compte Fournisseurs s'élève à 2 147 €. Au 1er janvier N+5, le CA généré est estimé à 255 000 €.

		01/01/N+5		
404		Fournisseurs d'immobilisations	2 147	
6788		Charges exceptionnelles diverses	2 953	
44562		TVA sur immobilisations *(2 % × 255 000 × 20 %)*	1 020	
	512	Banque *(2 % × 255 000 × 1,2)*		6 120

B. Autres cas spécifiques

Fonds commerciaux

Définition

Un **fonds commercial** englobe les éléments incorporels du fonds de commerce acquis qui ne font pas l'objet d'une évaluation et d'une comptabilisation séparées au bilan et qui concourent au maintien et au développement du potentiel d'activité de l'entité (PCG, art. 212-3-2).

La comptabilisation varie selon l'origine du fonds commercial:

- Les dépenses de création en interne de fonds commerciaux ne peuvent être activées car ne sont pas dissociables du coût de développement de l'activité dans son ensemble (PCG, art. 212-3-3).
- Les fonds commerciaux acquis sont comptabilisés dans le compte 207. En principe, ils ne sont pas amortissables puisqu'ils sont présumés avoir une durée d'utilisation non limitée. Si leur durée d'utilisation est limitée, les fonds commerciaux sont amortis sur cette durée ou, si elle ne peut être déterminée de façon fiable, sur 10 ans. Les PME peuvent amortir sur 10 ans les fonds commerciaux même s'il n'existe pas de limite prévisible d'exploitation du fonds.
- Les fonds commerciaux non amortis font l'objet d'un test de dépréciation à la clôture de l'exercice.

Brevets

Sous réserve de remplir les conditions d'activation, les **brevets** créés en interne sont comptabilisés par le transfert des dépenses enregistrées: dans le compte 203 – Frais de recherche et de développement; dans le compte 205 – Brevets et valeurs similaires.

Les frais liés au dépôt du brevet sont comptabilisés à l'actif.

Les brevets sont amortis sur leur durée de protection (20 ans) ou sur leur durée d'utilisation effective si elle est plus courte.

Marques

Comme les fonds commerciaux créés en interne, les dépenses de création en interne des **marques** ne sont pas activables (PCG, art. 212-3-3). Les marques acquises sont comptabilisées à l'actif dans le compte 205. En principe, elles ne sont pas amortissables.

Une marque non amortissable peut devenir amortissable au cours de son utilisation si l'entité décide d'en interrompre l'exploitation.

LE + DE L'EXPERT

Les fonds commerciaux amortis doivent faire l'objet d'un test de dépréciation s'il existe, à la clôture des comptes, un indice de perte de valeur.

12 Stocks : principes généraux

Mots-clés

Coût d'acquisition • Coût de production • Dépréciation • Sous-activité • Stock • Valeur actuelle

Définition

Un **stock** est, au sens du PCG (art. 211-7), un actif détenu pour être vendu dans le cours normal de l'activité, ou en-cours de production pour une telle vente, ou destiné à être consommé dans le processus de production ou de prestation de services, sous forme de matières premières ou de fournitures.

Contrairement à une immobilisation, le stock est un emploi définitif ; il est consommé et disparaît dans le processus de production (ex. : matières premières).

1 Types de stocks

On distingue quatre types de stocks :

– les matières premières et autres approvisionnements (comptes 31 et 32) ;

– les en-cours de production (comptes 33 et 34) ;

– les produits finis intermédiaires et résiduels (compte 35) ;

– les marchandises (compte 37).

2 Évaluation des stocks

A. Coût d'entrée des stocks

Le coût d'entrée des stocks est défini par les articles 213-30 à 213-35 du PCG.

Définitions

- Le **coût d'acquisition** des stocks est similaire à celui des immobilisations et comprend le prix d'achat, y compris droits de douane et taxes non récupérables, net des rabais commerciaux, remises, escomptes de règlement et tous les coûts directement attribuables à l'acquisition des stocks (transport, manutention, etc.).
- Le **coût de production** des stocks (PCG, art. 213-32) comprend les coûts directs de fabrication des unités produites et une quote-part de charges indirectes de production, fixes et variables.

Les charges fixes de production sont affectées sur la base d'une capacité normale moyenne de production. Les charges liées à la **sous-activité** ne peuvent donc être incluses dans le coût de production.

Les coûts d'emprunt peuvent être incorporés au coût d'acquisition ou au coût de production, selon les dispositions prévues à l'article 213-39 du PCG (choix de l'option et financement d'un actif éligible).

▶ **Exemple**

Pour produire un stock de 100 unités de produits finis, l'entreprise GFC a engagé les charges suivantes : 2 000 € de matières premières, 200 € de fournitures diverses et 1 500 € de main-d'œuvre directe. Au cours du mois, l'atelier de production a encouru 15 000 € de charges fixes de production. La capacité de production normale de l'atelier est de 150 unités. On estime à 2 500 € la quote-part de frais généraux d'administration.
Le coût d'entrée du stock est composé des matières premières, fournitures diverses, main-d'œuvre directe et charges fixes de production. Sont exclus les charges fixes de sous-activité et les frais généraux d'administration. Le coût direct du stock est de 2 000 + 200 + 1 500, soit 3 700 €. Les charges indirectes de production sont de 100/150 × 15 000, soit 10 000 €. Le coût d'entrée du stock est donc de 3 700 + 10 000, soit 13 700 €. ◀

B. Méthodes d'évaluation des stocks

PCG, art. 213-35. Une organisation doit utiliser la même méthode pour tous les stocks ayant une nature et un usage similaires pour l'entité. Pour des stocks de nature ou d'usage différents, plusieurs méthodes peuvent être utilisées.

Deux méthodes sont utilisées pour valoriser le coût des biens interchangeables :

- Le coût unitaire moyen pondéré (CUMP).
- La méthode du premier entré – premier sorti (PEPS ou *First In First Out*, FIFO).

L'entreprise doit utiliser la même méthode de valorisation pour tous les stocks de nature et d'usage similaires. Pour des raisons pratiques, on peut recourir à deux autres techniques d'évaluation des stocks (PCG, art. 213-35) :

- La méthode des coûts standards : coûts calculés à partir de niveaux normaux d'utilisation des matières ou de production.
- La méthode des prix de détail : on déduit du prix de vente des stocks une marge brute et des frais de commercialisation pour obtenir le coût des stocks.

▶ **Exemple**

L'entreprise DIO dispose d'un stock de 100 unités de produits finis dont le coût est difficilement estimable. Chaque unité est vendue en magasin pour un prix unitaire de 15 € HT, moyennant des frais de livraison et de mise en rayon unitaires de 5 €. La société DIO réalise en général une marge brute de 7,5 % sur ses ventes. Le stock peut donc être valorisé selon la méthode des prix de détail : 100 × 15,00 × (1 – 7,5 %) – 100 × 5 € = 887,50 €. ◀

C. Évaluation à la clôture

À la clôture, l'entreprise doit s'assurer de la valorisation correcte des stocks et comparer, unité par unité, catégorie par catégorie, la valeur comptable des stocks à leur valeur actuelle.

Définition

La **valeur actuelle** est la plus élevée des valeurs vénales et d'usage.

Pour les matières premières, les approvisionnements et les en-cours, on retient la **valeur d'usage**, alors que la **valeur vénale** est utilisée pour les produits finis, résiduels et les marchandises.

Cas particuliers d'évaluation des stocks à la clôture

Stocks faisant l'objet d'un contrat ferme	Si un acheteur s'est engagé fermement à acheter un stock à un prix donné et que ce prix couvre la valeur comptable et le reste des charges à supporter pour la bonne exécution du contrat, on ne procède à aucune dépréciation.
Biens non évaluables	• S'il n'est pas possible de déterminer le coût d'acquisition ou de production de stocks, ceux-ci sont évalués au coût d'acquisition ou de production de biens équivalents constaté ou estimé à la date la plus proche de l'acquisition ou de la production desdits biens (PCG, art. 214-24). • À défaut, on retient la valeur d'inventaire à la date de clôture. Si les deux méthodes sont trop contraignantes pour l'entité, on applique la méthode des prix de détail.
Stocks détenus à l'étranger	• À la clôture, le coût des stocks détenus à l'étranger est converti en monnaie nationale à un cours égal, pour chaque nature de marchandises, approvisionnements et produits en stocks, à la moyenne pondérée des cours pratiqués à la date d'achat ou d'entrée en magasin des éléments considérés (PCG, art. 420-4). • Une **dépréciation** est constituée si le cours à la date de clôture est inférieur au cours d'entrée en compte.

D. Évaluation à la sortie

Lors de leur sortie :

– les stocks sont valorisés à leur valeur comptable (débit : compte de variation de stocks ; crédit : compte de stocks) ;

– les dépréciations sont reprises (débit : comptes de dépréciations de stocks ; crédit : comptes de reprises de dépréciations de stocks).

▶ Exemple

Au 31/12/N, on dispose des informations suivantes :

	Valeur comptable au 01/01/N	Dépréciation au 01/01/N	Valeur comptable au 31/12/N	Dépréciation 31/12/N
Stock de PF	12 000	1 000	13 000	500

		31/12/N		
71355		Variation des stocks de produits finis	12 000	
	355	Stocks de produits finis		12 000
		31/12/N		
3955		Dépréciations des stocks de produits finis	1 000	
	78 173	Reprises sur dépréciations des stocks		1 000
		31/12/N		
355		Stocks de produits finis	13 000	
	71355	Variation des stocks de produits finis		13 000
		31/12/N		
68173		Dotations aux dépréciations des stocks de	500	
	3 955	Dépréciations des stocks de produits finis		500

LE + DE L'EXPERT

Le CUMP se calcule en divisant le coût du stock initial et des entrées par les quantités présentes dans le stock initial et entrées au cours de l'exercice.

13 Stocks : le cas particulier des émissions de gaz à effet de serre

Mots-clés

GES • Modèle de négoce • Modèle de production • Quotas de GES • SEQE • Stocks

1 Principe

Le protocole de Kyoto a permis d'établir des objectifs mondiaux de réduction des émissions de gaz à effet de serre (GES). Pour atteindre ces objectifs, les États membres de l'UE ont mis en place un marché carbone où s'échangent des droits d'émettre des GES. Ces droits sont symbolisés par des quotas.

Définition

Un quota de GES est une « unité de compte représentative de l'émission de l'équivalent d'une tonne de dioxyde de carbone » (Code de l'environnement, art. L. 229-7).

Les quotas sont des titres émis par l'État, transmissibles par virement de compte à compte. Depuis 2005, le Système européen d'échange de quotas (SEQE) s'applique à plus de 11 000 installations fixes (production d'électricité, acier, ciment, raffinage, verre, etc.).

Le SEQE fixe un plafond d'émissions à ces installations, puis leur attribue un nombre de quotas correspondant à ces émissions. Le SEQE comprend quatre phases dont la troisième se terminera en 2020. La dernière devrait débuter en 2021 et se terminer en 2030.

Dans ce système, on distingue deux modèles susceptibles de coexister au sein d'une même entité le modèle de production et le modèle de négoce.
Un certain nombre d'informations relatives aux deux modèles sont à préciser en annexe (PCG, art. 615-22).

A. Le modèle de production

Le modèle de production s'applique obligatoirement aux installations fixes citées plus haut. À la fin de l'année, l'entité doit restituer à l'État le nombre de quotas correspondant à ses émissions réelles de GES. On distingue deux cas de figure :

- Si les émissions réelles sont supérieures au nombre de quotas dont l'entreprise dispose, elle doit en acquérir de nouveaux (principe du pollueur-payeur). La non-restitution entraîne une amende de 100 € par quota manquant non restitué.
- Si les émissions réelles sont inférieures au nombre de quotas dont l'entreprise dispose, elle est en droit de conserver le surplus.

Émissions réelles > Quotas
Acquisition de nouveaux quotas

Émissions réelles < Quotas
Possibilité de conserver le surplus

Les quotas répondent à la définition d'un actif (élément identifiable, contrôlé par l'entité et procurant des avantages économiques futurs). Par ailleurs, leur coût d'acquisition étant directement lié au processus de production émettant des GES, ils sont considérés comme une matière première de nature administrative et donc comptabilisés en **stocks** (compte 601) (PCG, art. 615-3). Ils sont considérés comme des biens interchangeables et peuvent être valorisés selon la méthode du CUMP ou du PEPS (↪ **fiche 12**).

B. Le modèle de négoce

Le modèle de négoce s'applique aux entreprises qui ne sont pas obligatoirement soumises au SEQE. Ces entreprises peuvent acheter et revendre des quotas pour réaliser des plus-values.

2 Traitement comptable

Le traitement comptable des quotas diffère selon le modèle dont dépend l'entreprise.

A. Le modèle de production

Dans le modèle de production, les émissions réelles doivent être compensées par la restitution à l'État des quotas correspondants.

▶ **Exemple**

L'entreprise ERREV est soumise au modèle de production. Au 1er janvier N, l'État lui alloue gratuitement 100 quotas. Le 15 mars N, elle acquiert sur le marché carbone 20 quotas à 12 € chacun. Elle en cède 10 pour un prix unitaire de 14 € le 29 septembre N.

Les quotas alloués gratuitement à l'entité par l'État ne font pas l'objet d'une écriture comptable mais sont suivis extra-comptablement.

L'acquisition de quotas est enregistrée de la façon suivante :

		15/03/N		
601		Achats stockés de matières premières *(20 x 12)*	240	
	512	Banque		240

La cession de quotas est considérée comme une vente de matières premières :

		29/09/N		
512		Banque *(10 x 14)*	140	
	70	Ventes de matières premières		140

À la fin de la période d'allocation, l'entreprise doit restituer les quotas correspondant à ses émissions réelles. Le prix unitaire du quota est de 15 € au 31 décembre N. L'entreprise valorise ses stocks au CUMP.

- **Premier cas :** ses émissions réelles correspondent à 105 quotas. Elle dispose de 100 (stock initial) + 20 (achats) – 10 (sorties), soit 110 quotas. Après restitution, il lui reste donc 5 quotas en stock qui seront valorisés au CUMP soit (100 × 0 + 20 × 12)/120, soit 2 €.

L'écriture comptable est la suivante :

		31/12/N		
31		Stocks de matières premières *(5 x 2)*	10	
	6031	Variation de stocks de matières premières		10

- **Deuxième cas :** ses émissions réelles correspondant à 120 quotas. Elle dispose de 110 quotas ; il lui en manque donc 10 qu'elle devra acquérir sur le marché. Elle doit donc enregistrer une charge à payer à la clôture de l'exercice.

		31/12/N		
601		Achats stockés de matières premières *(10 x 15)*	150	
	449	Quotas d'émission à acquérir		150

Cette écriture est extournée au 1er janvier N+1 et l'achat est comptabilisé normalement. Si l'entreprise n'effectue pas l'achat dans le délai imparti, elle doit régler l'amende et l'enregistrer en charges (PCG, art. 615-18), soit 150 × 100 € = 1 500 €. ◂

B. Le modèle de négoce

Dans le modèle de négoce, les quotas sont achetés pour être revendus : ils sont donc considérés comme des marchandises. Ils sont enregistrés pour leur coût d'acquisition au débit du compte 607. Leur cession est enregistrée pour le montant de la vente au crédit du compte 707. La plus-value est donc enregistrée directement en résultat d'exploitation.

L'entreprise ne bénéficiant d'aucune allocation gratuite, elle n'a pas à enregistrer de passif en fin d'année puisqu'elle n'est pas tenue de restituer des quotas.

LE + DE L'EXPERT

Les vendeurs d'énergie (électricité, gaz, etc.) sont eux aussi soumis à une obligation de réalisation d'économies d'énergie à travers les certificats d'économies d'énergie (CEE). La comptabilisation des CEE est proche de celle des GES.

14 Actifs financiers : évaluation et comptabilisation à l'entrée

Mots-clés

Actions propres • BSA • BSO • Droit d'attribution • Droit préférentiel de souscription • Obligations • Valeurs mobilières de placement • Titres de participation • TIAP

1 Catégories d'actifs financiers

A. Titres immobilisés

Les titres immobilisés comprennent :

– les titres de participation ;

– les titres immobilisés de l'activité de portefeuille (TIAP) ;

– les autres titres à conserver momentanément ou durablement.

Titres de participation (TP)	Compte 261	Titres dont la possession durable est estimée utile à l'activité, notamment parce qu'elle permet d'exercer une influence sur la société émettrice de titres ou d'en assurer le contrôle (titres représentant une fraction du capital supérieure à 10 %).
Titres immobilisés de l'activité de portefeuille (TIAP)	Compte 273	Titres acquis pour en retirer, à plus ou moins longue échéance, une rentabilité suffisante sans intention d'intervention dans la gestion des entreprises dont les titres sont détenus.
Autres titres immobilisés	Compte 271/272	Titres, autres que les TP et les TIAP, que l'entreprise a l'intention de conserver durablement ou qu'elle n'a pas la possibilité de revendre.

B. Valeurs mobilières de placement

Valeurs mobilières de placement (VMP)	Compte 50	Titres acquis en vue de réaliser un gain à brève échéance.

2 Évaluation et la comptabilisation des actifs financiers à l'entrée

A. Principes généraux

Les titres sont évalués à leur coût d'acquisition :

Prix d'achat + Coûts directement attribuables + Frais d'acquisition (option)

L'option de comptabilisation des frais d'acquisition en charges ou dans le coût d'acquisition (méthode de référence) peut être exercée de manière différenciée pour les immobilisations corporelles et incorporelles d'une part, et pour les titres immobilisés et les titres de placement, d'autre part.

Fiscalement, pour les sociétés soumises à l'IS, les frais d'acquisition des **titres de participation** doivent être inclus dans le coût d'acquisition et amortis sur 5 ans par la

comptabilisation d'un amortissement dérogatoire. L'option de comptabilisation des frais d'acquisition pour ces sociétés peut être exercée de façon différenciée :
– pour les titres de participation ;
– pour les autres titres immobilisés et les titres de placement.

▶ Exemple

Le 1er janvier N, acquisition de 20 % des titres d'une société pour 45 000 € et 1 500 € HT de frais d'acquisition.

		01/01/N		
261		Titres de participation	45 000	
6271		Frais sur titres	1 500	
44566		TVA déductible sur ABS	300	
	404	Fournisseurs d'immobilisations		46 800

La société aurait pu aussi enregistrer les frais d'acquisition dans le coût d'acquisition des titres et si elle est soumise à l'IS, enregistrer une dotation aux amortissements dérogatoires à la clôture :

		01/01/N		
261		Titres de participation	46 500	
44562		TVA déductible sur immobilisations	300	
	404	Fournisseurs d'immobilisations		46 800
		31/12/N		
68725		Dotations aux amortissements dérogatoires (1 500/5)	300	
	145	Amortissements dérogatoires		300

B. Cas spécifiques

Acquisitions d'actions partiellement libérées

Le coût d'acquisition des titres n'est pas impacté, la fraction non libérée (↳ fiches 16 et 18) des titres est enregistrée dans un compte de dettes :

		01/01/N		
26/27/50		Titres		
	512	Banque		Fraction libérée
	269/279/509	Versements restant à effectuer sur titres		Fraction non libérée

Acquisitions d'obligations

Les **obligations** sont enregistrées à leur coût d'acquisition en titres immobilisés au débit du compte 2721 ou en **valeurs mobilières de placement** (VMP) au débit du compte 506. Le prix d'achat est égal à leur prix d'émission si elles sont acquises à l'émission de l'emprunt obligataire (↳ fiche 26). Si elles sont acquises après leur émission, les obligations sont comptabilisées à leur coût d'acquisition hors coupon couru, ce dernier étant enregistré au débit d'un compte de produits financiers (compte 7621 ou 764).

Définition

Le **coupon couru** d'une obligation est, à la date considérée, la fraction de l'intérêt annuel écoulé depuis le dernier versement des intérêts.

Titres immobilisés				Valeurs mobilières de placement			
2721		Obligations		506		Obligations	
7621		Revenus des titres immobilisés		764		Revenus des VMP	
	404	Fournisseurs d'immobilisations			464	Dettes sur acquisitions de VMP	

Acquisition de droits préférentiels de souscription et des droits d'attribution

Lors d'une augmentation de capital, l'entité peut :

- Utiliser les **Droits préférentiels de souscription** (DPS) et les **droits d'attribution** (DA) (↪ fiches 18 et 19) dont elle dispose pour acquérir des actions ou recevoir des actions gratuites. L'attribution de DPS et de DA n'est pas enregistrée et le prix d'achat des actions acquises est égal à leur prix d'émission (les actions gratuites ne donnent donc lieu à aucun enregistrement).
- Acquérir des DPS et DA, qui s'enregistrent en VMP pour leur coût d'acquisition et sont inclus dans le coût d'acquisition des actions auxquelles ils se rapportent :

		À la date d'acquisition des DPS/DA		
5082		Bons de souscription	Coût acq. DA/DPS	
	512	Banque		
		À la date d'acquisition des actions		
26/27/50		Actions	Coût d'acquisition des actions	
	5082	Bons de souscription		Coût acq. DA/DPS
	512	Banque		Prix d'émission

Les DPS et les DA non utilisés (et périmés) sont enregistrés en charges financières :

		À la date de péremption des DPS/DA		
668		Autres charges financières	Coût acq. DA/DPS	
	5082	Bons de souscription		Coût acq. DA/DPS

Acquisitions de BSA et BSO

Les **BSA** (bons de souscription d'actions) et **BSO** (bons de souscription d'obligations) s'enregistrent selon les mêmes règles que les DPS et les DA acquis (↪ fiches 19 et 26).

Rachat de ses propres actions par l'entité

Les **actions propres** rachetées sont enregistrées à leur coût d'acquisition en :

– VMP au débit du compte 502 si elles sont acquises pour être attribuées aux salariés ou pour régulariser le cours de Bourse ;

- titres immobilisés au débit du compte 2772 si elles sont acquises pour réduire le capital (↳ fiche 20) ou au débit du compte 2771 si elles sont acquises pour tout autre motif.

LE + DE L'EXPERT

Les obligations sont cotées sur Euronext en pourcentage de leur valeur nominale. Leur prix d'achat comprend le montant du coupon couru, également exprimé en pourcentage de la valeur nominale.

15 Actifs financiers : évaluation à l'inventaire et à la sortie

Mots-clés

Actions propres • Coût moyen pondéré • Droit d'attribution • Droit préférentiel de souscription • Méthodes PEPS • Obligations • Valeur actuelle • Valeur nette comptable

1 Évaluation et comptabilisation des actifs financiers à l'inventaire

À l'inventaire, par catégorie de titres de même nature et conférant les mêmes droits, la **valeur actuelle** (PCG, art. 221-3, 221-5 et 221-6) des titres est comparée à leur **valeur nette comptable**. La valeur actuelle des titres dépend de la catégorie à laquelle ils se rattachent.

Valeur actuelle des titres selon leur catégorie

	Valeur actuelle
TP	Valeur d'utilité : montant que l'entité accepterait de décaisser pour obtenir cette participation si elle avait à l'acquérir. Elle dépend notamment de la rentabilité de la société, de la conjoncture, du cours de Bourse, etc.
TIAP	Valeur qui tient compte des perspectives d'évolution générale de l'entité dont les titres sont détenus et qui est fondée, notamment, sur la valeur de marché.
Autres titres immobilisés et VMP	• Cours moyen du dernier mois pour les titres cotés. • Valeur probable de négociation pour les titres non cotés.

Seules les moins-values latentes (valeur actuelle < VNC) sont enregistrées sous la forme de dépréciation (↪ fiche 4) :

$$\text{Dépréciation}_{31/12/N} = \text{VNC} - \text{Valeur actuelle}$$

La dépréciation initiale et les augmentations sont enregistrées en charges financières :

Débit	Crédit	31/12/N	Débit	Crédit
68662/68665		Dotations aux dépréciations d'éléments financiers		
	296/297/590	Dépréciations des titres		

Les diminutions et l'annulation de la dépréciation sont enregistrées en produits financiers :

Débit	Crédit	31/12/N	Débit	Crédit
296/297/590		Dépréciations des titres		
	78662/78665	Reprises sur dépréciations d'éléments financiers		

2 Comptabilisation des revenus des actifs financiers

Les revenus des titres sont enregistrés dans un compte de produits financiers à la date de l'assemblée qui a voté la distribution de dividendes ou à la date d'échéance des intérêts.

Enregistrement des revenus issus des titres

	Compte de produits financiers	Compte de créances
TP	7611. Revenus des titres de participation	267. Créances rattachées à des participations
TIAP et autres titres immobilisés	7621. Revenus des titres immobilisés	276. Autres créances immobilisées
VMP	764. Revenus des valeurs mobilières de placement	508. Autres VMP et autres créances assimilées

À la clôture de l'exercice, en vertu du principe d'indépendance des exercices, les intérêts courus non échus des obligations sont à enregistrer en produits à recevoir :

$$\text{Intérêts courus}_N = i \times \text{VN} \times \text{Nb obligations} \times \frac{\text{Nb de jours entre date d'échéance et date de clôture}}{360}$$

Titres immobilisés			Valeurs mobilières de placement		
27682		Intérêts courus sur titres immobilisés	5088		Intérêts courus sur obligations
	7621	Revenus des titres immobilisés		764	Revenus des VMP

Cette écriture est à contrepasser à l'ouverture de l'exercice.

3 Évaluation et comptabilisation des actifs financiers à la sortie

A. Principes généraux

En cas de cession partielle d'une fraction de titres de même nature et conférant les mêmes droits, leur valeur est estimée au **coût moyen pondéré** (CMP) ou en présumant que les titres cédés sont les premiers entrés (**méthodes PEPS**).

Pour les titres de participation et les autres titres immobilisés, le prix de cession et la valeur comptable sont enregistrés de façon distincte et le résultat de cession calculé par différence :

462		Créances sur cessions d'immobilisations	Prix de cession	
	7756	Produits des cessions d'éléments d'actif		
6756		Valeurs comptables des éléments d'actif cédés	Valeur comptable	
	261/27	TP/Autres titre immobilisations financières		

Pour les TIAP et les VMP, le résultat de cession est enregistré directement en produits ou en charges :

	Plus-value			Moins-value		
TIAP	462		Créances… *Prix de cession*	462		Créances… *Prix de cession*
		7756	PCEA		6756	VCEAC
			Cession			*Cession*
	7756		PCEA *Valeur comptable*	6756		VCEAC *Valeur comptable*
		273	TIAP		273	TIAP
			Sortie			*Sortie*
VMP	465		Créances… *Prix de cession*	465		Créances… *Prix de cession*
		767	Produits nets…		667	Charges nettes…
			Cession			*Cession*
	767		Produits nets…	667		Charges nettes…
		50	VMP *Valeur comptable*		50	VMP *Valeur comptable*
			Sortie			*Sortie*

Les frais de cession s'enregistrent selon la catégorie des titres, dans les comptes 675 ou 667/767 s'ils sont nécessaires à la réalisation de la cession, ou dans un compte de charges selon leur nature. Pour les cessions d'obligations, le prix de cession s'enregistre hors coupon couru et le coupon couru est enregistré en « produits financiers » (compte 7621 ou 764 selon la catégorie de titres concernée).

B. Cas spécifiques

Remboursement des obligations à l'échéance

Si le prix de remboursement des obligations est supérieur à leur prix d'émission, la prime de remboursement s'enregistre selon la catégorie des titres, dans les comptes 7621 ou 764 :

512		Banque		Prix de remboursement	
	2721/506		Obligations		Prix d'émission
	7621/764		Revenus…		Prime de remboursement

Cession d'un droit préférentiel de souscription ou d'un droit d'attribution

Une action ancienne détenue donne le droit à un **droit préférentiel de souscription** (DPS) ou à un **droit d'attribution** (DA) (↪ **fiches 18** et **19**). La cession de DPS ou de DA nécessite de reconstituer leur valeur comptable en la déduisant du coût d'acquisition des actions anciennes auxquelles ils se rapportent :

$$\text{Valeur comptable DPS/DA} = \text{Coût de l'acquisition de l'action ancienne} \times \frac{\text{Prix de cession DPS/DA}}{\text{Prix de cession DPS/DA} + \text{Valeur action ex-droit}}$$

- Si l'action est cotée : Valeur de l'action ex-droit = Cours de l'action.
- Si l'action n'est pas cotée : Valeur de l'action ex-droit = Prix d'émission de l'action nouvelle + Nb de DPS/DA nécessaire pour souscrire l'action nouvelle × Prix de cession du DPS/DA.

La cession des DPS et DA s'enregistre, selon la catégorie des actions auxquelles ils se rapportent, dans les comptes 675 et 775 ou 667 et 767 ; leur sortie entraîne la diminution de la valeur comptable des actions anciennes auxquelles ils se rapportent.

LE + DE L'EXPERT

La valeur actuelle des titres à l'inventaire diffère selon la catégorie des titres ; elle est donc à connaître pour l'examen.

16 Constitution du capital social : cas général

Mots-clés

Actionnaire défaillant • Actionnaire retardataire • Apport en nature • Apport en numéraire • Frais de constitution • Versement anticipé

1 Catégories d'apports

A. Apports en nature et en numéraire

Les actionnaires ou les associés effectuent des apports en numéraire ou en nature et reçoivent en échange des actions ou des parts de la société.

Capital social = Nombre d'actions (ou parts sociales) × Valeur nominale (VN)

Apports en numéraire	Apports en nature
Apports de sommes d'argent = Nombre d'actions de numéraire × VN	Apports de biens immobiliers et mobiliers grevés éventuellement d'un passif = Valeur des biens immobiliers et mobiliers – Valeur des dettes = Nombre d'actions d'apports × VN
Les apports en numéraire doivent être libérés d'au moins 1/5 lors de la constitution dans les SARL et d'au moins 1/2 dans les SA et SAS.	Les apports en nature sont intégralement libérés lors de la constitution.

Les apports en nature et les apports en numéraire doivent être comptabilisés.

B. Apports en industrie

Les apports en industrie (savoir-faire, services…) ne concourent pas à la formation du capital social. Ils ne font l'objet d'aucun enregistrement comptable.

2 Comptabilisation des opérations de constitution

A. Cas général

À la constitution :

45615		Associés – apports en numéraire		
45611		Associés – apports en nature		
	1012	Capital souscrit – appelé, non versé *Promesse d'apports en nature et de la fraction des apports en numéraire libérés lors de la constitution*		
109		Actionnaires, capital souscrit, non appelé		
	1011	Capital souscrit – non appelé *Fraction des apports en numéraire restant à libérer*		

Débit	Crédit	Libellé		
467		Notaire		
	45615	Associés – apports en numéraire		
		Réalisation des apports en numéraire		
512		Banque		
	467	Notaire		
2/4/5		Comptes d'actifs		
	1/4	Comptes de passif		
	45611	Associés – apports en nature		
		Réalisation des apports en nature		
1012		Capital souscrit – appelé, non versé		
	1013	Capital souscrit – appelé, versé		
		Reclassement du capital		

Lors des appels ultérieurs, des apports en numéraire sont partiellement libérés :

Débit	Crédit	Libellé		
45621/ 445625		Apporteurs – capital appelé, non versé		
	109	Actionnaires, capital souscrit, non appelé		
		Appel d'une fraction des apports en numéraire		
1011		Capital souscrit – non appelé		
	1012	Capital souscrit – appelé, non versé		
		Reclassement du capital		
512		Banque		
	45621/5	Apporteurs – capital appelé, non versé		
		Libération de la fraction des apports en numéraire		
1012		Capital souscrit – appelé, non versé		
	1013	Capital souscrit – Appelé, versé		
		Reclassement du capital		

Une fois que la dernière fraction du capital a été libérée, on enregistre les écritures suivantes :

Débit	Crédit	Libellé		
1013		Capital souscrit – appelé, versé		
	101	Capital		
		Reclassement du capital		

B. Frais de constitution

Il existe deux méthodes :

- **Méthode de référence** : enregistrement des **frais de constitution** en charges.

6226		Honoraires		
623		Publicité, publication, relations publiques		
628		Divers		
6354		Droits d'enregistrement		
44566		TVA déductible sur biens et services		
	467	Notaire		

- **Autre méthode** : enregistrement des frais de constitution à l'actif et amortissement des frais dans un délai maximal de 5 ans (ils doivent être amortis avant toute distribution de bénéfices, Code de commerce, art. L. 232-9).

2011		Frais de constitution		
44562		TVA déductible sur immobilisations		
	467	Notaire		

Si l'entité a enregistré au préalable les frais de constitution en charges, il est nécessaire de les activer en passant l'écriture suivante :

		31/12/N		
2011		Frais de constitution		
	721	Production immobilisée incorporelle		

LE + DE L'EXPERT

À l'examen, les règles de libération du capital sont fournies.

17 Constitution du capital social : cas particuliers

Mots-clés

Actionnaire défaillant • Actionnaire retardataire

1 Versements anticipés

À la constitution ou lors des appels ultérieurs, certains actionnaires peuvent verser, en plus de la fraction des apports appelés par la société, la totalité ou une fraction de leurs apports non encore appelés par la société.

467/512		Notaire/Banque	Montant versé	
	45621/5	Apporteurs – capital appelé, non versé		Montant appelé
	4564	Associés – versements anticipés		
		Libération de la fraction des apports en numéraire appelé et versement anticipé		

Lors des appels ultérieurs des apports en numéraire partiellement libérés, l'écriture de libération des apports est modifiée :

45621/5		Apporteurs – capital appelé, non versé		
	109	Actionnaires, capital souscrit, non appelé	Montant appelé	
		Appel d'une fraction des apports en numéraire		
1011		Capital souscrit – non appelé	Montant appelé	
	1012	Capital souscrit – appelé, non versé		
		Reclassement du capital		
512		Banque	Montant versé	
4564		Associés – versements anticipés		
	45621/5	Apporteurs – capital appelé, non versé		Montant appelé
		Libération de la fraction des apports en numéraire		
1012		Capital souscrit – appelé, non versé	Montant appelé	
	1013	Capital souscrit – appelé, versé		
		Reclassement du capital		

2 Actionnaires retardataires

Lors des appels ultérieurs des apports en numéraire, certains actionnaires peuvent ne pas verser les fonds à la date fixée. La société leur adresse une mise en demeure et peut demander des intérêts de retard et le remboursement des frais engagés. Les **actionnaires retardataires** ont 30 jours pour verser les fonds (fraction de l'apport dû, intérêts et frais).

		À la date limite de paiement		
4566		Actionnaires défaillants	Montant dû	
	45621/5	Apporteurs – capital appelé, non versé		
		Défaillance de l'actionnaire		
		À la date de versement des fonds		
512		Banque		
	4566	Actionnaires défaillants		*Pour solde*
	763	Revenus des autres créances		Intérêts
	791	Transferts de charges d'exploitation		Frais HT
	44571	TVA collectée		TVA sur les frais
		Encaissement des fonds dus y compris intérêts et frais		
		d°		
1012		Capital souscrit – appelé, non versé		
	1013	Capital souscrit – appelé, versé		
		Reclassement du capital		

3 Actionnaires défaillants

À la fin des 30 jours, si les actionnaires retardataires n'ont pas versé les fonds, ils sont déclarés défaillants. La société vend leurs actions. Elle verse aux **actionnaires défaillants** la différence entre le prix de cession de leurs actions, et la fraction de l'apport dû, des intérêts et des frais demandés.

		À la date limite de paiement		
4566		Actionnaires défaillants	Montant dû	
	45621/5	Apporteurs – capital appelé, non versé		
		Défaillance de l'actionnaire		
		À la date de la vente des actions		
512		Banque	Prix de cession	
	4566	Actionnaires défaillants		
		Vente des actions des actionnaires défaillants		

		À la date de versement des fonds		
4566		Actionnaires défaillants		
	763	Revenus des autres créances		Intérêts
	791	Transferts de charges d'exploitation		Frais HT
	44571	TVA collectée		TVA sur les frais
		Imputation des intérêts et des frais		
		d°		
4566		Actionnaires défaillants		
	512	Banque	*Pour solde*	
		Versement du solde à l'actionnaire défaillant		
		d°		
1012		Capital souscrit – appelé, non versé		
	1013	Capital souscrit – appelé, versé		
		Reclassement du capital		

▶ Exemple

Un actionnaire titulaire de 100 actions de valeur nominale 80 € est déclaré défaillant : il n'a pas versé le dernier quart appelé. La société vend ses actions 85 € et exige 50 € d'intérêts et 20 € de frais divers. Pour calculer et commenter le résultat de l'actionnaire défaillant, il faut déterminer :
- le montant encaissé par l'actionnaire : 100 × 85 – 100 × 80 / 4 – 50 – 20, soit 6 430 € ;
- le montant versé par l'actionnaire à la société : 100 × 80 × 3/4, soit 6 000 €.

Gain net de 430 € car les actions ont été vendues à un prix supérieur à leur valeur nominale. ◀

LE ✚ DE L'EXPERT

Le montant du versement anticipé doit tenir compte de la partie non appelée.

18 Augmentation de capital par apports

Mots-clés

Droit préférentiel de souscription • Valeur nominale • Soulte • Prime d'émission

1 Augmentations de capital par apports en numéraire

L'augmentation de capital par apports en numéraire n'est possible que si le capital social est entièrement libéré. Elle peut se faire soit par la création de nouvelles actions soit par augmentation de la valeur nominale des actions. Cette dernière option étant très rare, elle ne sera pas traitée ici.

A. Fixation du prix d'émission des actions nouvelles

Les nouvelles actions sont émises à un prix d'émission au moins égal à leur valeur nominale. Ce prix doit être fixé ainsi :

Valeur nominale (VN) ⩽ Prix d'émission ⩽ Valeur réelle des titres

La différence entre le prix d'émission et la valeur nominale des titres constitue la prime d'émission. Elle représente le supplément payé par les actionnaires pour accéder aux réserves constituées par l'entreprise depuis sa constitution. Au moment de la comptabilisation de l'augmentation du capital, celle-ci est enregistrée au crédit du compte 1041 – Primes d'émission.

Le prix d'émission étant inférieur à la valeur réelle des titres, la création d'actions nouvelles induit une baisse de la valeur des titres, défavorable aux anciens actionnaires. Pour compenser cette perte de valeur, ce type d'augmentation de capital s'accompagne de l'émission de droits préférentiels de souscription.

▶ Exemple

SA Ribal

Au 1er juillet N, la SA Ribal dispose d'un capital de 10 000 actions de valeur nominale 100 €, entièrement libérées. Ses réserves sont de 400 000 €. Elle décide d'émettre 2 000 nouvelles actions à un prix d'émission de 125 €.

- Avant l'augmentation de capital :
  - Capital : 10 000 × 100 = 1 000 000 €
  - Réserves : 400 000 €
  - Total : 1 400 000 €

Valeur réelle de l'action : 1 400 000/10 000, soit 140 €.

- Après l'augmentation de capital :
  - Anciennes actions : 10 000 × 140 = 1 400 000 €
  - Nouvelles actions : 2 000 × 125 = 250 000 €
  - Total : 1 650 000 €

Valeur réelle de l'action : 1 650 000/12 000, soit 137,50 €.

L'ancien actionnaire subit donc une perte de 140 – 137,50 €, soit 2,50 € par action. ◀

B. Droits préférentiels de souscription (DPS)

Code de commerce, art. L. 225-132. Les actionnaires ont, proportionnellement au montant de leurs actions, un droit de préférence à la souscription des actions de numéraire émises pour réaliser une augmentation de capital.

Les anciens actionnaires reçoivent un **droit préférentiel de souscription** par action détenue. Il faut ensuite déterminer le nombre de DPS nécessaires afin d'acquérir une nouvelle action ; il résulte du rapport entre le nombre d'anciennes actions et le nombre de nouvelles actions émises.

▶ Exemple (suite)

SA Ribal

Un ancien actionnaire, M. Gerbo, possède 10 actions. Il recevra donc 10 DPS.
2 000 nouvelles actions ont été émises pour 10 000 anciennes et 10 000 DPS ont donc été attribués aux anciens actionnaires. Il faudra donc cinq DPS (10 000/2 000) pour obtenir une nouvelle action.
M. Gerbo pourra donc acquérir deux actions avec les DPS. ◀

La valeur du DPS est égale à la perte de valeur unitaire de chacun des titres. Pour souscrire à l'augmentation du capital, il faut verser, en plus du prix d'émission des titres, la valeur totale du nombre de DPS nécessaires à l'acquisition des titres.

▶ Exemple (suite)

SA Ribal

La perte de valeur de chacune des actions est de 2,50 €. Le DPS vaut donc 2,50 €.
Pour acquérir une nouvelle action au prix de 125 €, il faut acheter cinq DPS au prix de 2,50 €. Au total, il faut donc verser : 125 + 5 × 2,50, soit 137,50 € pour acheter une nouvelle action.

Le droit préférentiel de souscription peut être utilisé pour acquérir de nouvelles actions émises lors de l'augmentation de capital ou cédé à des actionnaires souhaitant participer à l'augmentation de capital.

Le droit préférentiel de souscription permet de garantir l'égalité entre nouveaux et anciens actionnaires. ◀

▶ Exemple (suite)

SA Ribal

Avant l'augmentation de capital, le portefeuille de M. Gerbo valait 10 × 140, soit 1 400 €. Après l'augmentation de capital, celui-ci ne vaut plus que 10 × 137,5, soit 1 375 €, soit une perte en capital de 25 €.
Grâce aux 10 DPS reçus, il peut acquérir deux nouvelles actions à 125 €. Son portefeuille est augmenté de deux actions d'une valeur de 137,5 € acquises à 125 € soit un gain de 25 €.
S'il cède ses DPS, il obtient 5 × 2,5 = 25 € qui compensent la perte de valeur de ses actions.
Enfin, un actionnaire qui souhaite acheter 2 actions devra acquérir 2 × 5, soit 10 DPS d'une valeur de 2,50 € chacun, soit un surcoût de 25 €. ◀

C. Comptabilisation de l'augmentation de capital

On distingue deux étapes de comptabilisation lors de l'augmentation de capital :

- Le recueil des fonds effectivement appelés :

		À la date de versement		
512		Banque		
	4563	Associés – versements reçus sur augmentation de capital		

- La libération des apports :

		À la date de versement		
4563		Associés – versements reçus sur augmentation de capital		
	1013	Capital souscrit, appelé, versé		
	1041	Primes d'émission		

La partie non appelée du capital est enregistrée comme à la constitution :

		À la date de versement		
109		Actionnaires – capital souscrit non appelé		
	1011	Capital souscrit, non appelé		

Les appels ultérieurs, les versements anticipés et actionnaires défaillants sont traités comme lors de la constitution (↪ fiche 17).

Rappel des minimums légaux pour les augmentations de capital

SA	• 1/4 de la valeur nominale • Totalité de la prime d'émission	Libération du solde dans les 5 ans
SARL	• 1/4 de la valeur nominale • Montant à verser pour la prime d'émission déterminée par les associés	Libération du solde dans les 5 ans

▶ Exemple (suite)

SA Ribal

Au 1er juillet N, la SA Ribal décide d'émettre 2 000 nouvelles actions à un prix d'émission de 125 €. Les actions sont libérées du minimum légal. Tous les actionnaires ont effectué leur apport au 15 juillet N.

Le minimum légal équivaut au quart de la valeur nominale des actions et la totalité de la prime d'émission, soit 1/4 × 100 + 25, soit 50 € par actionnaire.

Le versement total est donc de 2 000 × 50, soit 100 000 €.

Le capital non appelé est de 3/4 × 100 × 2 000, soit 150 000 €.

		15/07/N		
512		Banque	100 000	
	4563	Associés – versements reçus sur augmentation de capital		100 000
		15/07/N		
4563		Associés – versements reçus sur augmentation de capital	100 000	
	1013	Capital souscrit, appelé, versé		50 000
	1041	Primes d'émission		50 000
		15/07/N		
109		Actionnaires – capital souscrit non appelé	150 000	
	1011	Capital souscrit, non appelé		150 000

2 Augmentations de capital par apports en nature

L'augmentation de capital par apports en nature se fait par création d'actions nouvelles remises à l'apporteur. Ces actions sont émises à la valeur réelle des actions anciennes. L'apport est intégralement et immédiatement libéré.

Définition

La **soulte** désigne la différence entre le montant de l'apport et l'augmentation de capital versée en espèces.

Les apports sont inscrits au débit et au crédit des comptes concernés en contrepartie au crédit des comptes 1013 – Capital souscrit, appelé, versé et 1043 – Primes d'apport.

▶ Exemple

Le 15 mars N, l'associé d'une SARL apporte un immeuble évalué à 1 535 000 €. La valeur mathématique des titres est de 1 500 €. L'apport est rémunéré par l'émission de 1 023 parts sociales (de valeur nominale 1 000 €), le complément sera versé en espèces.

- Valeur de l'apport : 1 535 000 €
- Valeur de l'augmentation de capital : 1 023 × 1 500 = 1 534 500 €
  - Augmentation du capital social : 1 023 × 1 000 = 1 023 000 €
  - Prime d'apport : 1 023 × (1 500 – 1 000) = 511 500 €
- Complément versé en espèces : 1 535 000 – 1 534 500 = 500 €

		15/03/N		
213		Constructions	1 535 000	
	1013	Capital souscrit, appelé, versé		1 023 000
	1043	Primes d'apport		511 500
	512	Banque		500

LE ✚ DE L'EXPERT

Contrairement à la constitution du capital, on enregistre d'abord le versement des apports, puis la variation du capital en raison du caractère plus incertain de l'augmentation du capital.

19 Autres formes d'augmentation de capital et frais associés

Mots-clés

Bon de souscription d'actions • Droit d'attribution • Frais d'augmentation de capital • Report à nouveau

1 Augmentation de capital par incorporation de réserves

Certaines réserves peuvent être incorporées au capital social afin de l'augmenter : réserve légale, statutaire, réglementée, facultative, prime d'émission et d'apport, écart de réévaluation (sauf écart de réévaluation légale), **report à nouveau**.

Ce type d'augmentation de capital se traduit :

– soit par une augmentation de la valeur nominale des titres ;

– soit par une attribution d'actions gratuites.

Le **droit d'attribution** fonctionne comme le droit préférentiel de souscription. Chaque actionnaire reçoit, proportionnellement au capital détenu, un certain nombre de droits d'attribution. En fonction du nombre de nouvelles actions gratuites créées, il faudra un certain nombre de droits d'attribution pour recevoir (ou acquérir) une action gratuite. Ce droit garantit l'égalité entre nouveaux et anciens actionnaires.

▶ Exemple

Au 01/07/N, le capital social d'une SA est de 2 000 000 € (20 000 actions de valeur nominale 100 €). L'AGE décide d'incorporer 500 000 € de réserves, 300 000 € de primes d'émission et 200 000 € de report à nouveau au capital en créant 10 000 nouvelles actions.
L'augmentation de capital s'enregistre ainsi :

		1/07/N		
1041		Primes d'émission	300 000	
1068		Autres réserves	200 000	
110		Report à nouveau créditeur	500 000	
	1013	Capital souscrit, appelé, versé		1 000 000

Avant l'augmentation de capital, la valeur mathématique de l'action est de (2 000 000 + 500 000 + 300 000 + 200 000)/20 000 = 150 €. Après l'augmentation, elle est de 3 000 000/(20 000 + 10 000) = 100 € soit une baisse de 50 €. Le DA vaut donc 50 €. L'ancien actionnaire recevra un DA par action détenue et il lui faudra 20 000/10 000 = 2 DA pour obtenir une nouvelle action. Un ancien actionnaire détenant 2 actions verra ainsi la valeur de son portefeuille passer de 300 € à 200 € (perte de 100 €). Avec les 2 DA qu'il obtient pour compenser cette perte de valeur, il pourra soit obtenir une nouvelle action d'une valeur de 100 € soit obtenir 100 € en les vendant. Un nouvel actionnaire devra débourser 100 € pour obtenir une action. L'égalité est donc maintenue entre anciens et nouveaux actionnaires.

② Augmentation de capital par conversion de dettes

Il s'agit ici de rembourser une dette envers un créancier de l'entreprise (fournisseur, organismes sociaux, associés, etc.) en la convertissant en actions de la société. Les créanciers deviennent alors actionnaires de celle-ci. Un certain nombre de conditions doivent être respectées : dette liquide et exigible, renonciation des associés à leur DPS, décision en AGE et arrêté des comptes, certifié par un CAC (dans les SA).

Cette augmentation de capital s'apparente à une augmentation de capital en numéraire : on détermine à partir du montant de la dette et d'un prix d'émission le montant d'actions à remettre. Le schéma de l'écriture est le suivant :

		Date de l'augmentation		
1../4..		Compte de dettes concerné		
	1013	Capital souscrit, appelé, versé		
	1043	Primes d'apport		

③ Bons de souscription d'actions

Les **bons de souscription d'actions** (BSA) sont des valeurs mobilières qui permettent de souscrire pendant une période donnée à une augmentation de capital, à une date et à un prix déterminés à l'avance.

Les bons de souscription d'actions peuvent accompagner l'émission d'actions (ABSA) ou d'obligations (OBSA) ou être émis indépendamment.

L'émission de bons de souscription autonomes constitue une entrée de trésorerie pour la société. Ils sont donc enregistrés au crédit du compte 1045, en contrepartie du débit du compte 512. Ils constituent en effet un complément d'apport par les actionnaires ayant acquis les bons pour souscrire à l'augmentation du capital.

▶ Exemple

Une société émet, le 9 août N, 12 000 bons de souscription autonomes d'une valeur de 150 €, permettant de souscrire à l'augmentation de capital du 01/03/N+1. Chaque BSA donne le droit d'acquérir, du 01/01/N+1 au 28/02/N+1, une action de valeur nominale 500 €, émise au prix de 1 200 €. Au 01/03/N+1, la totalité des bons a été souscrite, soit 12 000 × 150 = 1 800 000 €.

		1/03/N+1		
512		Banque	1 800 000	
	1045	Bons de souscription d'actions		1 800 000

④ Frais d'augmentation de capital

Les **frais d'augmentation de capital** (honoraires, commissions, formalités légales, publicité, etc.) peuvent être enregistrés de trois manières différentes.

Enregistrement des frais d'augmentation du capital

Imputation sur la prime d'émission	• Débit du compte 1041 – Primes d'émission pour 2/3 du montant des frais • Débit du compte 695 – Impôts sur les bénéfices pour 1/3 du montant des frais • Débit du compte de TVA déductible • Crédit du compte 512 – Banque
• Comptabilisation à l'actif en frais d'établissement • Amortissement par fractions égales dans un délai maximal de 5 ans • Distribution de dividendes interdite si frais non amortis sauf si montant des réserves libres ⩾ frais non amortis	• Débit du compte 2013 – Frais d'augmentation de capital • Débit du compte de TVA déductible • Crédit du compte 512 – Banque
Comptabilisation en charges	Enregistrement dans les comptes de charges par nature

▶ Exemple

La société Henry a encouru 150 000 € HT en honoraires, formalités légales, frais d'impression à l'occasion de l'augmentation de capital du 1er juillet N.
Le taux d'impôt sur les sociétés est de 33 1/3 %.

• Imputation sur la prime d'émission :

		01/07/N		
1041		Primes d'émission	100 000	
695		Impôts sur les bénéfices	50 000	
44566		État, TVA déductible sur autres biens et services	30 000	
		Banque		180 000

• Comptabilisation à l'actif :

		01/07/N		
2013		Frais d'augmentation du capital	150 000	
44562		État, TVA déductible sur immobilisations	30 000	
	512	Banque		180 000

• Comptabilisation en charges :

		01/07/N		
62		Charges externes	150 000	
44566		État, TVA déductible sur autres biens et services	30 000	
	512	Banque		180 000

LE + DE L'EXPERT

- Il ne faut pas oublier de reclasser le capital lors des appels ultérieurs du capital (comptes 1011 à 1012 lors de l'appel ; comptes 1012 à 1013 une fois les versements effectués). Pensez à solder le compte de versement anticipé au fur et à mesure et à soustraire les versements non effectués par les actionnaires défaillants.
- Les augmentations de capital par incorporation de réserves et par conversion de créances ne constituent que des transferts de compte à compte. Elles n'augmentent pas la valeur du patrimoine.

20 Réductions et amortissement du capital

Mots-clés

Action de jouissance • Amortissement du capital • Perte • Réduction du capital

1 Réduction du capital motivée par des pertes

En cas de pertes, une société peut procéder à une réduction du capital pour :

- améliorer ses états financiers ;
- procéder à une augmentation de capital (« coup d'accordéon ») ;
- pouvoir distribuer des dividendes dans le futur sans avoir à imputer au préalable les pertes antérieures sur son bénéfice distribuable (↪ fiche 22).

La réduction du capital consiste à imputer les pertes sur le capital de la société afin de les apurer. Elle se traduit par la diminution de la valeur nominale de toutes les actions ou par la diminution du nombre d'actions (modalité moins fréquente en raison des « rompus »). Le montant des capitaux propres n'est pas modifié par l'opération :

1013		Capital souscrit – appelé, non versé		
	119	Report à nouveau (solde débiteur)		
	1041	Primes d'émission *pour équilibrer l'écriture si nécessaire*		

Les pertes peuvent aussi être imputées sur les réserves (y compris la réserve légale) ou sur la prime d'émission (↪ fiche 21).

2 Réduction de capital par remboursement aux actionnaires

Une société qui disposerait d'une trésorerie suffisante peut décider de réduire son capital :

- par la diminution de la valeur nominale de toutes les actions et le remboursement de la fraction de la valeur nominale annulée ;
- par la diminution du nombre d'actions et le remboursement intégral de la valeur nominale des titres annulés.

1013		Capital souscrit – appelé, non versé		
	4567	Associés – capital à rembourser *Réduction de capital*		
4567		Associés – capital à rembourser		
	512	*Banque* *Remboursement aux actionnaires*		

3 Réduction de capital par renonciation à sa fraction non appelée

Une société peut renoncer à appeler une partie du capital non encore libéré (➥ fiches 16 et 18). L'opération entraîne la diminution de la valeur nominale de toutes les actions.

1011		Capital souscrit – non appelé		
	109	Actionnaires, capital souscrit – non appelé		

4 Réduction de capital par annulation d'actions rachetées par la société

La société doit, au préalable, racheter ses propres actions :

2772		Actions propres ou parts propres en voie d'annulation	Prix rachat	
	512	Banque		Prix rachat

À la clôture de l'exercice, si les titres n'ont pas encore été annulés, ils ne doivent pas être dépréciés.

L'entité constate ensuite la réduction du capital. Deux situations sont possibles :

- Le prix de rachat des actions est supérieur à leur valeur nominale :

1013		Capital souscrit – appelé, non versé	Nb titres × VN	
1068		Autres réserves	*Différence*	
	2772	Actions propres ou parts propres en voie d'annulation		Prix rachat

Si les réserves distribuables ne sont pas suffisantes, l'excédent est enregistré au débit du compte 119 – Report à nouveau.

- Le prix de rachat des actions est inférieur à leur valeur nominale :

1013		Capital souscrit – appelé, non versé	Nb titres × VN	
	2772	Actions propres ou parts propres en voie d'annulation		Prix rachat
	1041	Primes d'émission		*Différence*

5 Amortissement du capital

Définition

L'**amortissement du capital** consiste en un remboursement par une société à tous ses actionnaires de tout ou partie de la valeur nominale de leurs actions par prélèvement sur les bénéfices ou sur les réserves distribuables.

À la différence des opérations de réduction du capital, l'amortissement du capital n'entraîne pas de réduction de capital. Le montant du capital est ventilé en capital amorti et capital non amorti. Les actions intégralement amorties sont appelées actions de jouissance.

1068		Autres réserves	
	4567	Associés – capital à rembourser	
		Prélèvement sur les réserves de la somme à rembourser	
4567		Associés – capital à rembourser	
	512	Banque	
		Remboursement aux actionnaires	
1013		Capital souscrit – appelé, non versé	
	10131	Capital non amorti	
	10132	Capital amorti	
		Ventilation du capital	

L'amortissement du capital est surtout pratiqué dans les sociétés concessionnaires d'un service public dont les actifs reviendront à la collectivité concédante à la fin de la concession.

LE + DE L'EXPERT

Dans les sociétés par actions (SA, SAS, SASU, SAS) et SARL/EURL, lorsque les capitaux propres deviennent inférieurs à la moitié du capital social en raison de pertes antérieures, une procédure de reconstitution des fonds propres est enclenchée (entraînant ainsi une réduction du capital).

21 Affectation du résultat : cas général

Mots-clés

Bénéfice distribuable • Dividende • Perte • Réserve légale • Réserve réglementée • Réserve statutaire • Résultat • Premier dividende • Super-dividende

1 Détermination et comptabilisation du résultat à la clôture

À la clôture de l'exercice, l'entreprise détermine son résultat en reprenant l'ensemble des produits et des charges de l'exercice.

Si l'entreprise a enregistré plus de produits (X) que de charges (Y), son résultat est positif (bénéfice, X > Y). Elle reprend donc l'ensemble des produits et charges et le résultat est enregistré ainsi :

		À la date de clôture		
7...		Produits	X	
	6...	Charges		Y
	120	Résultat (bénéfice)		(X – Y)

Si l'entreprise a enregistré plus de charges que de produits, son résultat est négatif (perte, X < Y). Elle reprend donc l'ensemble des produits et charges et le résultat est enregistré ainsi :

		À la date de clôture		
7...		Produits	X	
129		Résultat (perte)	(Y – X)	
	6...	Charges		Y

2 Affectation du bénéfice dans les sociétés par actions

Celle-ci est décidée lors de l'assemblée générale ordinaire (AGO), qui doit être convoquée dans les 6 mois de la clôture de l'exercice (Code de commerce, art. L. 225-100). Le résultat peut être affecté, après dotations obligatoires à certaines réserves, aux dividendes, aux réserves facultatives ou au report à nouveau.

A. Affectations obligatoires du résultat

L'article L. 232-10 du Code de commerce rend obligatoire dans les sociétés à responsabilité limitée et les sociétés par actions, un prélèvement destiné à la formation d'une **réserve légale**. Ce prélèvement est de 5 % du résultat diminué des éventuelles pertes antérieures. Il cesse d'être obligatoire lorsque la réserve atteint 10 % du capital social.

Assiette de prélèvement de la réserve légale = Résultat N – Report à nouveau débiteur N–1 (si applicable)

Les statuts de l'entreprise peuvent également prévoir une affectation aux **réserves statutaires**. Certaines activités spécifiques (ex. : assurances, banque), ou même des dispositions fiscales, peuvent obliger l'entreprise à doter les **réserves réglementées**.

Une fois les affectations obligatoires du résultat effectuées, l'entreprise peut librement affecter le solde, ou bénéfice distribuable.

Définition

Le **bénéfice distribuable** est constitué par le bénéfice de l'exercice, diminué des pertes antérieures, ainsi que des sommes à porter en réserves en application de la loi ou des statuts, et augmenté du report bénéficiaire (Code de commerce, art. 232-11).

Bénéfice distribuable = Bénéfice comptable
± Report à nouveau
– Dotation à la réserve légale
– Dotations aux réserves réglementées et statutaires
+ Sommes prélevées sur les réserves (sur décision de l'AGO)

B. Affectations libres du résultat

L'entreprise peut affecter le bénéfice distribuable à plusieurs usages (ex. : réserve, distribution de dividendes ou report à nouveau).

L'AGO peut décider d'affecter une partie de son résultat en réserves complémentaires. Les conditions et le montant du prélèvement sont décidés chaque année en assemblée générale.

L'entreprise peut choisir de rémunérer ses actionnaires par le versement de dividendes, si un certain nombre de conditions sont respectées (Code de commerce, art. L. 232-12 et R. 123-187). Les statuts prévoient généralement le calcul du dividende en deux parties :

- Le **premier dividende** est calculé avant affectation à la réserve facultative. Il est calculé à un taux fixe, appliqué au montant nominal libéré, non remboursé et non amorti des actions. En cas de libération en cours d'exercice, le calcul s'effectue au *prorata temporis*.
- Le **super-dividende** est le dividende versé en supplément du premier dividende sur décision de l'AGO. Son montant est le même pour toutes les actions, libérées ou non.

Après distribution des dividendes et affectation aux réserves facultatives, le solde éventuel est enregistré en report à nouveau.

▶ Exemple

SA Lodébo

À la clôture de l'exercice N, une société a réalisé un bénéfice net comptable de 200 000 €. Le report à nouveau de N–1 est débiteur de 20 000 €. Son capital social se compose de 10 000 actions de valeur nominale 100 €, dont 7 500 entièrement libérées au 31/12/N et 2 500 émises le 01/07/N et libérées de la moitié de la valeur nominale. La réserve légale de la société s'élève à 15 000 € au 31/12/N.

Il a été décidé de doter après affectation à la réserve légale, de distribuer un dividende statutaire de 5 % et de doter les réserves facultatives pour 12 375 €. Un superdividende sera distribué aux actions avec le solde, arrondi aux 50 centimes d'euro inférieur.

	Montant
Résultat net comptable de l'exercice	200 000
– RAN N–1 débiteur (si applicable)	20 000
= Base de calcul de la dotation à la réserve légale	**180 000**
– Dotation à la réserve légale : 5 % x 180 000 = 9 000 € Plafond de la réserve (non dépassé) = 1 000 x 100 x 10 % = 100 000 €	– 9 000
– Dotation aux réserves réglementées et statutaires	–
+ Report à nouveau créditeur (si applicable)	–
= Bénéfice distribuable	**171 000**
+ Réserves affectées à la distribution (si applicable)	0
– Premier dividende/Actions de préférence	0
– Premier dividende (intérêt statutaire) • Actions entièrement libérées = 7 500 × 100 × 5 % = 37 500 • Actions émises en N : 2 500 × 100 × 5 % × 1/2 × 6/12 = 3 125	– 40 625
– Réserve facultative	– 12 375
– Super-dividende : Solde pour le superdividende : 171 000 – 40 625 – 12 375 = 118 000 118 000/ 10 000 actions = 11,80 € arrondis à 11,50 € par action Super-dividende = 11,5 x 10 000 = 115 000	– 115 000
= Report à nouveau créditeur N	**3 000**

C. Comptabilisation de l'affectation du résultat

Une fois les affectations décidées et approuvées par l'AGO, on peut comptabiliser l'affectation du résultat.

- En cas de report à nouveau créditeur en N–1, on aura :

Débit	Crédit	À la date de l'AGO		
120		Résultat de l'exercice		
1101		Report à nouveau créditeur N–1		
	1061	Réserve légale		
	1063	Réserves statutaires		
	1064	Réserves réglementées		
	1068	Autres réserves		
	457	Associés – dividendes à payer		
	1102	Report à nouveau créditeur N		

• En cas de report à nouveau débiteur en N – 1, on aura :

		À la date de l'AGO		
120		Résultat de l'exercice		
	119	Report à nouveau débiteur N – 1		
	1061	Réserve légale		
	1063	Réserves statutaires		
	1064	Réserves réglementées		
	1068	Autres réserves		
	457	Associés – dividendes à payer		
	1102	Report à nouveau créditeur N		

3 Affectation des pertes

Face à des pertes, l'entreprise peut choisir d'affecter celles-ci en report à nouveau, de les imputer sur les réserves ou sur le capital.

▶ Exemple

SA Debène

À la clôture de l'exercice N, la société a réalisé une perte de 45 000 €.

• En cas d'affectation en report à nouveau :

		À la date de l'AGO		
119		Report à nouveau débiteur N	45 000	
	129	Résultat de l'exercice (perte)		45 000

• En cas d'imputation de 10 000 € sur le report à nouveau créditeur et de 35 000 € sur les réserves facultatives :

		À la date de l'AGO		
1068		Autres réserves	35 000	
110		Report à nouveau créditeur N	10 000	
	129	Résultat de l'exercice (perte)		45 000

• En cas d'imputation de 30 000 € sur le capital social et de report à nouveau du solde :

		À la date de l'AGO		
101		Capital social	30 000	
119		Report à nouveau débiteur N	15 000	
	129	Résultat de l'exercice (perte)		45 000

LE + DE L'EXPERT

Le capital social d'une entreprise peut également être composé d'actions de préférence définies à l'article L. 228-11 du Code de commerce. Celles-ci peuvent notamment bénéficier d'un dividende servi à un taux statutaire majoré, distribué en priorité à ces actions et/ou cumulatif.

22 Affectation du résultat : cas particuliers

Mots-clés

Acompte sur dividendes • Paiement du dividende • Soulte

1 Acomptes sur dividendes

Définition

Les **acomptes sur dividendes** représentent les sommes versées aux actionnaires avant l'approbation des comptes et fixation du montant définitif des dividendes.

Les acomptes sur dividendes peuvent être versés :
- soit avant la clôture ;
- soit après la clôture et avant l'AGO.

Si les comptes ont été certifiés par un commissaire aux comptes et qu'un bénéfice distribuable (↪ fiche 21) au moins égal aux acomptes à verser apparaît (Code de commerce, art. L. 232-12) alors :

• À la décision de versement des acomptes :

		À la date de décision		
1292		Résultat – acomptes sur dividendes		
	457	Associés – Dividendes à payer		

• Au versement des acomptes :

		À la date de versement		
457		Associés – Dividendes à payer		
	512	Banque		

• À la date d'affectation définitive du résultat :

– Si le résultat est supérieur au montant des acomptes :

		À la date de l'AGO		
120		Résultat		
	1292	Résultat – acomptes sur dividendes		

– Si le résultat est insuffisant :

		À la date de l'AGO		
120		Résultat		
119		Report à nouveau débiteur		
	1292	Résultat – acomptes sur dividendes		

2 Paiement des dividendes en actions

L'AGO peut prévoir la possibilité de proposer le **paiement du dividende** en contrepartie de nouvelles actions. Il faut pour cela que les statuts permettent cette possibilité et que le capital soit intégralement libéré. Chaque actionnaire est libre d'accepter ou de préférer le paiement du dividende en numéraire.

Si les dividendes reçus par un actionnaire ne correspondent pas à un nombre entier d'actions, il peut choisir de recevoir :

– soit un nombre inférieur d'actions et la différence versée sous forme de **soulte** (↪ fiche 18) ;

– soit un nombre supérieur d'actions et de verser le complément.

Ce paiement se traduit par le débit du compte 457 Associés – Dividendes à payer pour le montant de dividendes payés en actions et par le crédit des comptes 101 Capital social et 1041 Primes d'émission.

▶ Exemple

Le 28 avril N, une société dont le capital est entièrement libéré a approuvé le versement de 500 000 € de dividendes soit un dividende de 100 € par action. Les statuts permettent de proposer le paiement de ce dividende en actions (de valeur nominale 125 €) émises à un prix de 150 €. Cette solution est proposée aux actionnaires. Le 05 juin N, 1 600 actionnaires ont décidé d'exercer l'option. Par mesure de simplicité, il a été décidé que le nombre d'actions créées sera arrondi à la dizaine inférieure.

- Montant du dividende à payer en action : 1 600 × 100 = 160 000 €
- Nombre d'actions créées : 160 000/150 = 1 066,67 arrondi à 1 060 actions
- Montant de l'augmentation de capital :

– augmentation du capital social : 1 060 × 125 = 132 500 ;

– prime d'émission : 1 060 × (150 – 125) = 26 500 ;

– total : 159 000

- Soulte à verser : 160 000 – 159 000 = 1 000
- Paiement de dividendes en numéraire : 500 000 – 160 000 = 340 000 ou encore (5 000 – 1 600) × 100 = 340 000.

- **Paiement du dividende en actions**

		À la date de paiement		
457		Associés – Dividendes à payer	160 000	
	101	Capital social		132 500
	1041	Primes d'émission		26 500
	512	Banque		1 000

- **Paiement du dividende en numéraire**

		À la date de paiement		
457		Associés – Dividendes à payer	340 000	
	512	Banque		340 000

LE + DE L'EXPERT

La soulte ne peut dépasser 10 % de la valeur nominale des titres attribués.

23 Provisions réglementées

Mots-clés

Aides fiscales • Amortissement dérogatoire • Provision pour hausse des prix • Provisions réglementées

1 Définitions et principes de comptabilisation

Définition

Les **provisions réglementées** sont des provisions constituées en application de textes particuliers (notamment le CGI) et ne correspondent donc pas à la définition comptable d'une provision.

À la différence des provisions « comptables », les provisions réglementées ne sont pas destinées à couvrir des charges ou des risques futurs. Il s'agit en réalité d'aides fiscales.

L'enregistrement des provisions réglementées est facultatif mais, pour bénéficier d'une économie d'impôt, l'entité est obligée de les comptabiliser selon les mêmes principes que les provisions.

Principes de comptabilisation des provisions réglementées

Débit	Crédit
Enregistrement d'une **dotation exceptionnelle :** **687. Dotations aux provisions**	Enregistrement d'une **provision réglementée :** **14. Provisions réglementées**
↓	↓
Cette dotation exceptionnelle est une charge déductible, son enregistrement diminue le résultat de l'entité et, ainsi, le montant de l'impôt dû par l'entité	Cette provision réglementée est classée parmi les capitaux propres, son enregistrement compense la diminution du résultat et ainsi, maintient le montant des capitaux propres de l'entité

Les provisions réglementées sont classées dans les capitaux propres ; elles ont le caractère de réserves non libérées d'impôts.

2 Principales provisions réglementées

Le nombre de provisions réglementées a été réduit depuis quelques années.

A. Provisions pour hausse des prix

Définition

La **provision pour hausse des prix** est constituée en cas de hausse de plus de 10 % du prix des matières, produits et approvisionnements en stock.

▶ Exemple

Soient, depuis 10 ans, les dotations aux provisions suivantes :

N−10 : 200	N−9 : 500	N−8 : 600	N−6 : 300	N−5 : 400
N−4 : 800	N−3 : 200	N−2 : 400	N−1 : 100	N : 900

Le comptable vous précise que, selon le CGI, une provision pour hausse des prix dotée en N devra être reprise en N+6.

		31/12/N		
6873		Dotations aux provisions réglementées (stocks)	900	
	1431	Provision pour hausse des prix		900
		Dotation aux provisions N		
		d°		
1431		Provision pour hausse des prix	300	
	7873	Reprises sur provisions réglementées		300
		Reprise sur provisions N − 6		

Au bilan du 31 décembre N, le montant de la provision pour hausse des prix s'élève à 2 800 € (400 + 800 + 200 + 400 + 100 + 900). ◀

B. Amortissements dérogatoires

Définition

L'**amortissement dérogatoire** est constitué lorsque l'amortissement fiscal excède l'amortissement comptable.

Il y a lieu de comptabiliser un amortissement dérogatoire notamment lorsque :

- La durée d'amortissement fiscal (durée d'usage) est inférieure à la durée d'amortissement comptable (durée d'utilisation).
- La base d'amortissement fiscal est supérieure à la base d'amortissement comptable (existence d'une valeur résiduelle).
- Les biens sont admis au mode dégressif fiscal ou font l'objet d'amortissements fiscaux exceptionnels.

LE + DE L'EXPERT

À l'examen, les textes fiscaux régissant les provisions réglementées sont fournis. Il n'est donc pas nécessaire d'apprendre par cœur les règles de calcul et de fonctionnement des provisions réglementées.

24 Provisions autres que réglementées

Mots-clés

Charge • Provision • Régime à cotisations définies • Régime à prestations définies • Restructuration

1 Principes généraux

A. Comptabilisation

Définition

Une **provision** est un passif, c'est-à-dire un « élément du patrimoine ayant une valeur économique négative pour l'entité, c'est-à-dire une obligation de l'entité à l'égard d'un tiers dont il est probable ou certain qu'elle provoquera une sortie de ressources au bénéfice de ce tiers, sans contrepartie au moins équivalente attendue de celui-ci » (PCG, art. 321-1).

La provision est un passif dont le montant ou l'échéance n'est pas fixé de façon précise (PCG, art. 321-5).

Pour déterminer si une provision doit être enregistrée, il faut donc respecter les 3 conditions suivantes :

- existence d'une obligation légale, contractuelle ou résultant de pratiques passées ou habituelles, envers un tiers ;
- sortie de ressources probable ;
- absence de contrepartie : pas de service en échange de la sortie de ressources.

Pour être comptabilisée, l'obligation doit exister avant la clôture de l'exercice et son montant doit pouvoir être estimé de façon fiable. La comptabilisation des provisions est obligatoire même en l'absence de bénéfice (PCG, art. 322-3).

B. Évaluation de la provision

Les provisions sont évaluées pour le montant correspondant à la meilleure estimation possible de la sortie de ressources nécessaire à l'extinction de l'obligation (PCG, art. 323-2) :

- En cas de multiples obligations similaires (ex. : garanties de remboursement sur un produit), l'estimation doit porter sur l'ensemble de ces obligations. On pourra, par exemple, multiplier le nombre de produits vendus par la probabilité de retour d'un produit dans le délai imparti au remboursement.
- Lorsqu'il s'agit d'une obligation unique, le montant à provisionner est celui qui paraît le plus probable.

Les dépenses à prendre en compte sont celles qui concourent directement à l'extinction de l'obligation. La provision n'est donc pas minorée de l'économie d'impôt qui pourrait résulter de son enregistrement, ni d'éventuels remboursements attendus en contrepartie.

Si le montant ne peut être déterminé avec une fiabilité suffisante, il n'est pas provisionné mais le risque d'une sortie de ressources est mentionné dans l'annexe.

2 Provisions pour retraites et engagements similaires

A. Caractéristiques

En plus du versement de salaires et autres indemnités, l'entreprise peut être amenée à contracter, vis-à-vis de ses salariés, des obligations relatives à l'ancienneté ou à la retraite.

Il existe deux types de régime concernant les indemnités de retraite :

- Les **régimes à cotisations définies** dans lesquels l'entreprise verse des cotisations à une entité tierce (Sécurité sociale, Agirc-Arrco, etc.), responsable à elle seule du versement des indemnités au moment du départ à la retraite du salarié. L'entreprise n'est ici responsable que du versement des cotisations (obligation de moyens).
- Les **régimes à prestations définies** dans lesquels l'entreprise garantit le versement de l'indemnité de retraite. Elle a donc une obligation de résultats.

B. Comptabilisation

La comptabilisation des indemnités de départ à la retraite varie selon le régime auquel l'entreprise est soumise.

Dans le cas du régime à cotisations définies, l'entreprise enregistre périodiquement une écriture de **charges** :

6453		Cotisations aux caisses de retraite		
	431/437	Sécurité sociale/autres organismes sociaux		

Dans le cas du régime à prestations définies, bien que les indemnités de retraite correspondent à la définition d'une provision, l'entreprise a le choix entre :

- Comptabiliser une provision pour le montant total des engagements de retraite (celle-ci devra être ajustée d'année en année). Il s'agit de la méthode de référence.
- Mentionner en annexe le montant des engagements de retraite ainsi que les hypothèses retenues pour son calcul.

Le schéma de comptabilisation de la provision est celui-ci :

		À la date de clôture		
6815		Dotations aux provisions d'exploitation		
	153	Provisions pour pensions et obligations similaires		

3 Provision pour restructuration

A. Conditions de comptabilisation

Définition

Une **restructuration** consiste pour une entreprise à réorganiser son activité, notamment en redéployant ses actifs matériels et humains.

Au cours d'une opération de restructuration, l'entreprise peut être amenée à se séparer d'une partie de ses personnels et/ou de matériels.

Les coûts de restructuration peuvent être comptabilisés en provision s'ils résultent d'une obligation envers un tiers sans contrepartie attendue. La décision doit avoir été prise par la direction et annoncée avant la clôture de l'exercice (PCG, art. 322-10).

B. Évaluation du montant

Seules les dépenses directement engendrées par la restructuration peuvent être provisionnées (PCG, art. 323-5).

Les dépenses liées au redéploiement des actifs pour d'autres activités ou au démarrage de nouvelles activités ne peuvent être provisionnées.

▶ Exemple

Une entreprise peut provisionner le montant des indemnités de licenciement à verser, les indemnités de rupture de contrat avec un fournisseur. En revanche, elle ne peut y inclure le montant des dépenses liées à la reconversion du personnel conservé ou encore les coûts de recherche de nouveaux débouchés. ◀

LE + DE L'EXPERT

Il faut toujours justifier l'enregistrement d'une provision en s'assurant que celle-ci répond bien aux trois critères de définition du passif.

25 Créances et dettes en monnaie étrangère

Mots-clés

Différence de conversion • Cours de change • Couverture de change • Devise étrangère • Instrument de couverture • Provision pour perte de change

1 Évaluation à l'entrée

L'article 420-5 du PCG précise que les créances et dettes en monnaie étrangère sont converties et comptabilisées sur la base du dernier **cours de change**.

2 Évaluation à la clôture

Ce même article précise que, s'il existe à la date de clôture des comptes une différence de conversion, celle-ci doit être enregistrée dans un compte transitoire, dans l'attente d'une régularisation ultérieure :

- Si la **différence de conversion** constitue une perte latente, elle sera enregistrée à l'actif du bilan (en écart de conversion actif).
- Si la différence de conversion constitue un gain latent, elle sera enregistrée au passif du bilan (en écart de conversion passif).

L'écart de conversion actif entraîne la constitution d'une **provision pour perte de change** à hauteur de celui-ci, sauf dispositions particulières décrites plus bas.

Conséquence de la variation du cours de change	Effet	Schéma comptable
Diminution des créances ou augmentation des dettes	Perte de change latente/écart de conversion actif	• Débit : 476 – Différence de conversion – actif • Crédit : compte de créance ou de dette
Augmentation des créances ou diminution des dettes	Gain de change latent/écart de conversion passif	• Débit : compte de créance ou de dette • Crédit : 477 – Différence de conversion – passif

3 Ajustement de la provision pour perte de change

L'article 420-6 du PCG précise trois cas (deux obligatoires, un facultatif) où la provision pour perte de change est ou peut être ajustée.

Il existe deux cas dans lesquels il est obligatoire d'ajuster la provision pour perte de change :

Lorsqu'une opération en devises est couverte par une opération symétrique destinée à couvrir les conséquences de la fluctuation de change appelée « **couverture de change** », seul le risque non couvert est provisionné.

▶ **Exemple**

Le 15 novembre N, l'entreprise Maïa a acheté des marchandises à crédit (paiement au 30 janvier N+1) à un fournisseur japonais pour 100 000 yens au cours de 1 yen = 0,008 €. Pour se couvrir, elle a prêté 100 000 yens au même cours de 1 yen = 0,008 €.
Au 31 décembre N, le risque est totalement couvert. À cette date, il faut donc enregistrer un écart de conversion pour la dette et un écart de conversion inverse pour la créance, sans provisionner la perte latente. ◂

- Lorsqu'une opération en devise, sur laquelle est constatée une perte latente, est qualifiée d'« **instrument de couverture** », celle-ci ne donne lieu à aucune provision.

Un cas où la provision pour perte de change peut être ajustée :

- Lorsque des opérations dans la même devise ont des termes voisins (échéance comprise dans le même exercice comptable), on peut considérer qu'il s'agit d'une position globale de change et donc ne provisionner qu'à hauteur de l'excédent des pertes sur les gains.

▶ **Exemple**

Le 1er février N, l'entreprise Maïa a contracté un emprunt de 150 000 $ remboursable le 1er février N+1. Elle a également accordé, le 15 mars N, un prêt à sa filiale américaine pour un montant de 200 000 $ remboursable le 15 février N+1.

- Cours du dollar au 1er février N : 1 $ = 0,80 €.
- Cours du dollar au 15 mars N : 1 $ = 0,85 €.
- Cours du dollar du 31 décembre N : 1 $ = 0,90 €.

Élément	Valeur à l'entrée	Valeur à la clôture	Différence
Emprunt de 150 000 $	150 000 × 0,80 = 120 000 €	150 000 × 0,90 = 135 000 €	Écart de conversion actif : 15 000
Prêt de 200 000 $	200 000 × 0,85 = 170 000	200 000 × 0,90 = 180 000 €	Écart de conversion passif : 10 000

Deux solutions :
– On peut enregistrer les deux écarts de conversion et provisionner la perte de change pour 15 000 €.
– On peut enregistrer les deux écarts de conversion et provisionner la perte de change pour l'excédent des pertes sur les gains, soit 15 000 – 10 000 = 5 000 €.

LE + DE L'EXPERT

- Si les écarts de conversion (à l'actif et au passif) sont contrepassés au 1er janvier, la provision pour perte de change n'est reprise que lorsque le risque n'existe plus, généralement au dénouement de l'opération.
- Les trois cas de limitation de la provision pour perte de change sont à connaître mais seul le premier et le dernier peuvent donner lieu à des calculs et des enregistrements comptables à l'examen.

26 Passif externe : emprunts obligataires

Mots-clés

Bon de souscription d'obligations • Emprunt obligataire • Frais d'émission des emprunts • Obligation • Prime de remboursement

Définition

Une **obligation** est un titre de créance négociable.

Vocabulaire des obligations

Prix d'émission (PE)	Montant versé par l'obligataire et reçu par l'émetteur de l'obligation à l'émission de l'obligation
Prix de remboursement (PR)	Montant remboursé à l'obligataire et versé par l'émetteur à l'échéance de l'obligation
Prime de remboursement	Différence entre le prix de remboursement et le prix d'émission de l'obligation (PR – PE)
Taux d'intérêt (*i*)	• Rémunération versée à l'obligataire par l'émetteur de l'obligation • Le taux d'intérêt peut être fixe ou variable
Valeur nominale (VN)	• Base au calcul des intérêts • L'émission d'une obligation est dite au pair si le prix d'émission de l'obligation est égal à sa valeur nominale
Coupon (C)	Montant des intérêts versés périodiquement à l'obligataire par l'émetteur de l'obligation : C = Nombre d'obligations non remboursées × VN × i
Modalité de remboursement	• Par amortissement constant : remboursement d'un nombre d'obligations égal à chaque période • Par annuité constante : remboursement d'un nombre d'obligations croissant tel que la somme décaissée par l'émetteur (intérêt et remboursement du capital) soit égale à chaque période • *In fine* : remboursement de la totalité des obligations à leur échéance

1 Principes de comptabilisation des emprunts obligataires

A. Comptabilisation de l'émission des emprunts obligataires

L'enregistrement d'un **emprunt obligataire** implique :

- La comptabilisation de l'émission de l'emprunt obligataire (à son prix de remboursement)

4731		Obligations à placer	PR	
	163	Autres emprunts obligataires		PR

- La comptabilisation de la souscription de l'emprunt obligataire (à son prix d'émission)

4673		Obligataires, compte de souscription	PE	
169		Primes de remboursement des obligations	PR – PE	
	4731	Obligations à placer		PR

- La comptabilisation de la libération de l'emprunt obligataire

512		Banque	PE	
	4673	Obligataires, compte de souscription		PE

- La comptabilisation de ses frais d'émission

6272		Commissions et frais d'émission sur emprunt	HT	
44566		TVA déductible sur ABS	TVA	
	512	Banque		TTC

B. Comptabilisation des régularisations d'inventaire des emprunts obligataires

• Comptabilisation des intérêts courus (i) en vertu du principe d'indépendance des exercices

$$\text{Intérêts courus N} = \text{Nb d'obligations non remboursées} \times \text{VN} \times i \times \frac{\text{Nb de jours entre échéance et 31/12}}{360}$$

6611		Intérêt des emprunts et des dettes		
	16883	Intérêts courus sur autres emprunts obligataires		

Cette écriture doit être contrepassée à l'ouverture de l'exercice suivant.

• Comptabilisation de l'amortissement de la prime de remboursement sur la durée de l'emprunt obligataire selon deux méthodes :

– Par fractions égales :

$$\text{Dotation} = \frac{\text{Prime de remboursement}}{\text{Durée de l'emprunt}} \text{ (avec ou sans prorata la 1}^{\text{re}}\text{ année)}$$

– Au prorata des intérêts courus

$$\text{Dotation}_N = \text{PR} \times \frac{\text{Intérêts}_N}{\text{Total des intérêts de l'emprunt obligataire}}$$

6861		Dotations aux amortissements des PR		
	169	Primes de remboursement		

L'amortissement de la prime de remboursement augmente les charges financières relatives à l'emprunt obligataire.

• Comptabilisation de l'étalement des frais d'émission de l'emprunt obligataire (option comptable)

Si l'entité choisit d'étaler les frais d'émission des emprunts obligataires, il faut au préalable transférer les frais d'émission en charges à répartir :

4816		Frais d'émission d'emprunt		
	791	Transferts de charges d'exploitation		

L'entité étale alors les frais d'émission selon deux méthodes :

- Par fractions égales :

$$\text{Dotation} = \frac{\text{Frais d'émission}}{\text{Durée de l'emprunt}} \text{ (avec ou sans prorata la 1}^{\text{re}}\text{ année)}$$

- Au prorata de la rémunération courue (intérêts et prime de remboursement)

$$\text{Dotation}_N = \text{Frais d'émission} \times \frac{\text{Intérêts}_N + \textit{Amortissement } PR_N}{\text{Total des intérêts de l'emprunt obligataire} + \text{PR}}$$

6812		Dotations aux amortissements des charges à répartir		
	4816	Frais d'émission d'emprunt		

▶ **Exemple**

Au 1er juillet N, émission de 1 000 obligations de valeur nominale 1 000 € au prix d'émission de 1 100 € au taux de 5 % remboursables par amortissement constant le 1er juillet N+5 (total des intérêts : 150 000 €).
Frais d'émission : 20 000 € HT
Prime de remboursement = 1 000 × (1 100 – 1 000) = 100 000 €
Intérêts courus N = 1 000 × 1 000 × 5 % × 1/2 = 25 000 €

- **Amortissement de la prime de remboursement N :**
  - Par fractions égales : 100 000/5 = 20 000 ou 20 000 × 1/2 = 10 000 avec *prorata temporis*
  - Au prorata des intérêts courus : $100\,000 \times \frac{25\,000}{150\,000} = 16\,667$
- **Amortissement des frais d'émission N :**
  - Par fractions égales : 20 000/5 = 4 000 ou 4 000 × ½ = 2 000 avec *prorata temporis*
  - Au prorata de la rémunération courue : $20\,000 \times \frac{25\,000 + 16\,667}{150\,000 + 100\,000} = 3\,333$ ◀

Au bilan, les primes de remboursement et les frais d'émission figurent pour leur montant net.

C. Comptabilisation du service des emprunts obligataires

À chaque période, il convient de procéder à l'enregistrement des intérêts ainsi que des obligations éventuellement remboursées :

6611		Intérêt des emprunts et des dettes		
163		Autres emprunts obligataires		
	512	Banque		

Les primes liées aux obligations remboursées doivent être amorties.

2 Comptabilisation des bons de souscription d'obligations (BSO)

Définition

Un **bon de souscription d'obligations** est un titre conférant à son titulaire le droit de souscrire, à un prix et pendant une période définie, à des obligations.

Les BSO émis sont enregistrés en produits constatés d'avance :

		Date d'émission des BSO		
512		Banque		
	487	Produits constatés d'avance		

L'exercice des BSO par leurs titulaires conduit l'entité à comptabiliser l'émission d'un emprunt obligataire selon les principes généraux de comptabilisation des emprunts obligataires. Les BSO non exercés sont rapportés au résultat à leur échéance :

		Date de fin de la période de souscription		
487		Produits constatés d'avance		
	768	Autres produits financiers		

À la clôture, les BSO exercés sont rapportés progressivement au résultat sur la durée de l'emprunt, ce qui permet d'en compenser les charges financières.

3 Comptabilisation du rachat de ses propres obligations par la société

Lorsque l'entité rachète ses propres obligations, elle comptabilise :

505		Obligations et bons émis par la société et rachetés par elle-même	Prix hors coupon couru	
6611		Intérêt des emprunts et des dettes	Coupon couru	
	512	Banque		Prix de rachat

L'entité procède ensuite à l'annulation des obligations rachetées.

		31/12/N		
163		Autres emprunts obligataires	PR	
6783		*Mali provenant du rachat par l'entreprise d'obligations émises par elle-même*	*Si prix de rachat > PR*	
	505	Obligations et bons émis par la société et rachetés par elle-même		Prix de rachat
	7783	*Boni provenant du rachat par l'entreprise d'obligations émises par elle-même*		*Si PR > Prix de rachat*

LE + DE L'EXPERT

Aux termes de l'article L. 228-74 du Code de commerce, les obligations rachetées par la société émettrice, ainsi que les obligations sorties au tirage et remboursées, sont annulées et ne peuvent être remises en circulation.

27 Engagements financiers et passifs éventuels

Mots-clés

Engagement de garantie • Engagement financier • Passif éventuel

Définition

Les **engagements financiers** sont « des droits et obligations susceptibles de modifier le montant ou la consistance du patrimoine de l'entité » (PCG, art. 948-80).

1 Effets des engagements financiers

Les engagements financiers sur la valeur du patrimoine ne sont effectifs que si certaines conditions ou opérations ultérieures se produisent.

▶ Exemple

Si l'entreprise Alice se porte caution du prêt de l'entreprise Balinéa, l'obligation ne deviendra effective que si Balinéa fait défaut. ◀

Les engagements donnés sont, au sens du PCG (art. 321-6), une forme de **passif éventuel**, c'est-à-dire :

- soit une obligation potentielle de l'entité à l'égard d'un tiers résultant d'événements dont l'existence ne sera confirmée que par la survenance, ou non, d'un ou plusieurs événements futurs incertains qui ne sont pas totalement sous le contrôle de l'entité ;
- soit une obligation de l'entité à l'égard d'un tiers dont il n'est pas probable ou certain qu'elle provoquera une sortie de ressources sans contrepartie au moins équivalente attendue de celui-ci.

2 Catégorisation et comptabilisation des engagements financiers

A. Catégories d'engagements

On distingue trois catégories d'engagements, dont les **engagements de garantie**

Engagements de garantie, engagements réciproques et créances assorties de garanties

Engagements de garantie	• Donnés par l'entité : ils ont pour objet de garantir un tiers créancier contre la défaillance éventuelle de son débiteur. • Reçus par l'entité : ils ont pour objet de garantir l'entreprise en cas de mise en cause de la responsabilité d'un tiers ou en cas d'insolvabilité d'un tiers.	Avals, cautionnements, garanties, garanties d'actif et de passif.

▶

Engagements réciproques	Ils découlent de contrats et se décomposent en un engagement donné par l'entreprise à son cocontractant et un engagement reçu de ce dernier.	Engagements de crédit-bail (paiement des loyers et utilisation du bien en contrepartie), commandes de marchandises (engagement de livraison et engagement de paiement en contrepartie), créances cédées non échues.
Créances et dettes assorties de garanties	Ce sont : • les dettes pour lesquelles l'entité a dû accorder elle-même une garantie ; • les créances pour lesquelles l'entité a obtenu en garantie une sûreté réelle ou personnelle par le débiteur ou un tiers.	Nantissements, gages, hypothèques, cautions, sûretés personnelles.

B. Comptabilisation des engagements

Les engagements doivent être mentionnés en annexe s'ils sont significatifs et que leur connaissance est nécessaire à l'appréciation de la situation financière de l'entité (PCG, art. 832-18).

Ces engagements sont listés dans l'annexe (en précisant, par catégorie, le montant des engagements, les bénéficiaires, etc.).

Non obligatoire, la comptabilité des engagements est effectuée hors bilan, dans les comptes de classe 8 :

- Les engagements donnés sont enregistrés au crédit du compte 801 en contrepartie du débit du compte 809.
- Les engagements reçus sont enregistrés au débit du compte 802 en contrepartie du crédit du compte 809.

Le compte 809 est utilisé pour respecter le principe de la partie double et ne constitue qu'une contrepartie d'un compte 801 ou 802.

LE + DE L'EXPERT

- On utilise les comptes :
  - 801 pour les engagements qui s'apparentent à des passifs (enregistrés dans des comptes de classe 1) ;
  - 802 pour les engagements reçus car ils s'apparentent à des actifs (enregistrés dans les comptes de classe 2).
- Il ne faut pas confondre comptabilité d'engagement (comptabilisation des produits et charges dès leur engagement/facturation) et comptabilité des engagements (comptabilisation des engagements hors bilan).

28 Abonnement des charges et des produits

Mots-clés

Abonnement des charges et des produits • Charges à payer ou produits à recevoir • Charges ou produits constatés d'avance

1 Objectif de l'abonnement des charges et des produits

Définition

L'**abonnement des charges et des produits** est la répartition par fractions égales, entre les périodes comptables de l'exercice, des charges et produits dont le montant est connu ou fixé à l'avance avec une précision suffisante.

L'objectif de l'abonnement, méthode comptable facultative, est l'établissement d'états financiers intermédiaires (mensuels, trimestriels ou semestriels) assurant un meilleur suivi de l'activité et de la performance de l'entité.

▶ **Exemples**

Constituent autant d'éléments faisant l'objet d'abonnements :
- pour les charges : les redevances de crédit-bail, la dotation aux amortissements, les intérêts des emprunts et des dettes ;
- pour les produits : la redevance pour concessions de brevets, les revenus des immeubles non affectés à l'activité professionnelle. ◀

2 Comptabilisation de l'abonnement des charges et des produits

A. Principe de comptabilisation symétrique au compte 488

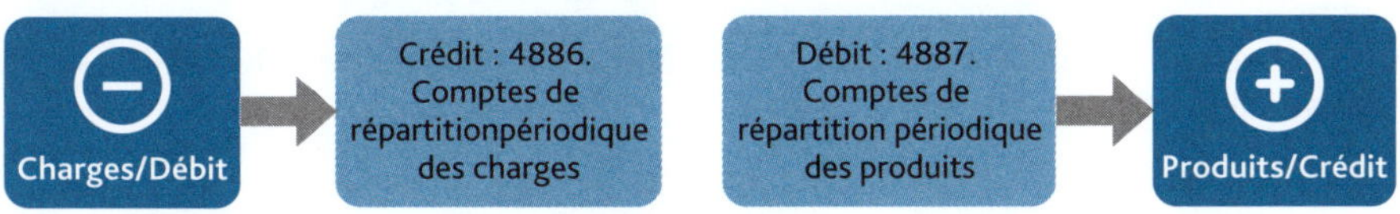

B. Mise en œuvre du principe : illustration par les charges

- À la fin de chaque période (mois, trimestre ou semestre), le montant de la charge annuelle est divisé par le nombre de périodes retenu :

6		Comptes de charges	Montant de la charge/ Nombre de périodes	
	4886	Comptes de répartition périodique des charges		Montant de la charge/ Nombre de périodes

- À la date d'enregistrement de la charge (ex. : date de facturation, de clôture pour les amortissements), le compte 4886 est utilisé pour ne pas comptabiliser la charge deux fois. Le montant abonné de la charge est ajusté pour tenir compte de la somme effective.

4886		Comptes de répartition périodique des charges		
44566		TVA déductible sur ABS		
	512	Banque		

- À la clôture de l'exercice : le compte 4886 doit être soldé. L'abonnement des charges ne doit avoir aucun impact sur les états financiers de l'entité, avec trois possibilités à la clôture :
  - le compte 4886 est soldé : le montant abonné de la charge correspond à son montant effectif, aucun enregistrement n'est à effectuer ;
  - le compte 4886 est débiteur : le montant abonné de la charge est inférieur à son montant effectif, il faut enregistrer une charge constatée d'avance :

486		Charges constatées d'avance		
	4886	Comptes de répartition périodique des charges		

  - le compte 4886 est créditeur : le montant abonné de la charge est supérieur à son montant effectif, il faut enregistrer une charge à payer :

4886		Comptes de répartition périodique des charges		
	1688	Intérêts courus *ou*		
	408	Fournisseurs, factures non parvenues *ou*		
	4686	Charges à payer		

▶ Exemples

- Signature d'un contrat de crédit-bail le 1er septembre N, le loyer de 6 000 € HT est payé semestriellement d'avance le 1er septembre et le 1er mars. La charge est abonnée mensuellement.

		01/09/N		
4886		Comptes de répartition périodique des charges	6 000	
44566		TVA déductible sur ABS	1 200	
	512	Banque		7 200
		30/09, 31/10, 30/11 et 31/12		
612		Redevances de crédit-bail (6 000 / 6)	1 000	
	4886	Comptes de répartition périodique des charges		1 000
		31/12/N		
486		Charges constatées d'avance (6 000 – 1 000 × 4)	2 000	
	4886	Comptes de répartition périodique des charges		2 000

- Emprunt de 100 000 € le 1er juillet N remboursables *in fine*, les intérêts annuels versés le 30 juin s'élèvent à 3 000 €. La charge est abonnée mensuellement.

		À la fin du mois : de juillet à décembre		
661		Charges d'intérêts *(3 000 / 12)*	250	
	4886	Comptes de répartition périodique des charges		250
		31/12/N		
4886		Comptes de répartition périodique des charges	1 500	
	16884	Intérêts courus sur emprunts *(250 × 6)*		1 500

LE + DE L'EXPERT

- Si le produit ou la charge est payable d'avance, un produit ou une charge constaté d'avance peut être comptabilisé à la clôture de l'exercice.
- Si le produit ou la charge est payable à terme échu, un produit à recevoir ou une charge à payer peut être comptabilisé à la clôture de l'exercice.

29 Comptabilisation des événements postérieurs à la clôture

Mots-clés

Événement postérieur à la clôture • Lien direct et prépondérant

Définition

Les **événements postérieurs à la clôture** sont ceux qui interviennent entre la date de clôture et la date d'établissement des comptes.

Le traitement de ces événements diffère selon qu'ils ont un **lien direct et prépondérant** avec une situation existant à la clôture.

Pour être intégré dans les comptes de l'exercice N, un événement intervenu après la clôture doit respecter trois conditions.

Conditions d'enregistrement d'un événement postérieur à la clôture

Lien entre l'événement et la situation née avant celui-ci (principe de séparation des exercices) + Événement significatif (principe d'importance significative) + Avoir une valeur économique négative pour l'entité (principe de prudence)

1 Événements ayant un lien direct et prépondérant avec une situation existant avant la clôture

Ces événements infirment ou confirment une situation existant avant la clôture.

▶ Exemples

• On apprend après la clôture que le client Xenius, sur lequel on dispose d'un droit de créance, rencontre des difficultés financières.

• Le jugement d'un litige avec le fournisseur Presto, ouvert avant la date de clôture, intervient et condamne l'entreprise au versement de dommages et intérêts (sans exécution provisoire). Celle-ci fait appel. ◀

Ces événements influencent l'évaluation des actifs et passifs.

▶ Exemples (suite)

Ainsi, dans les cas énoncés précédemment :

• La créance de Xenius devient douteuse ; une dépréciation est enregistrée.

• L'entreprise doit constituer une provision face au risque de paiement de dommages et intérêts.

Traitement comptable de l'incidence financière de l'événement

Évaluation possible et fiable
- Enregistrement comptable.
- En cas de provision, vérification du respect des conditions de comptabilisation d'un passif (notamment de l'existence de l'obligation à la date de clôture).

Évaluation impossible ou non fiable
- Absence d'enregistrement comptable
- Mention de l'événement en annexe

2 Événements sans lien direct et prépondérant avec une situation existant avant la clôture

PCG, art. 832-2. Dans l'hypothèse où un événement n'ayant aucun lien direct prépondérant avec une situation existant à la clôture de l'exercice survient entre la date de clôture et la date d'établissement des comptes, une information est donnée dans l'annexe.

Si un événement n'a pas de lien direct et prépondérant avec une situation existant à la clôture, mais qu'il a une incidence significative et que sa connaissance est nécessaire à l'appréciation de la situation de l'entreprise, celle-ci doit le mentionner dans l'annexe.

▶ Exemple

Le COVID-19 est un événement postérieur sans lien direct et prépondérant avec une situation existant à la clôture pour les entreprises clôturant au 31 décembre 2019 (communiqué du Collège de l'ANC du 2 avril 2020 et communiqué CNCC/CSOEC du 25 mars 2020). Les comptes ne sont donc pas modifiés mais, si l'épidémie remet en cause la continuité d'exploitation, une information doit obligatoirement être fournie en annexe.

LE + DE L'EXPERT

Il est impératif de s'interroger sur le lien direct et prépondérant de l'événement avec une situation existant avant la clôture, puis d'en déduire le traitement comptable.

30 Contrats à long terme : comptabilisation selon la méthode à l'achèvement

Mots-clés

Contrat à long terme • Méthode à l'achèvement

1 Principe de comptabilisation

Définition

Au sens du PCG, art. 622-1, un **contrat à long terme** est un contrat d'une durée généralement longue, spécifiquement négocié dans le cadre d'un projet unique portant sur la construction, la réalisation ou, le cas échéant, la participation en qualité de sous-traitant à la réalisation, d'un bien, d'un service ou d'un ensemble de biens ou services fréquemment complexes, dont l'exécution s'étend sur au moins deux périodes comptables ou exercices.

Dans le cadre d'un contrat à long terme, le droit de l'entité à percevoir les revenus contractuels est fonction de la conformité au contrat du travail exécuté.

Principe de comptabilisation des contrats à long terme

Méthode à l'achèvement	Méthode à l'avancement
Comptabilisation du CA et du résultat à la fin du contrat	Comptabilisation du CA et du résultat au fur et à mesure de l'avancement du contrat
Vision juridique *Principe de prudence*	**Vision économique** *Principe d'indépendance des exercices*

2 Méthode à l'achèvement

La **méthode à l'achèvement** implique trois étapes :

- **À la date de clôture du premier exercice** : enregistrement d'un stock d'en-cours d'un montant égal au coût de production du bien ou de la prestation de service :

33/34		En-cours de production de biens/de services		
	7133/34	Variations des stocks d'en-cours		

- **À la clôture des exercices suivants** : annulation du stock initial et enregistrement d'un stock final au coût de production du bien ou de la prestation de service :

7133/34		Variations des stocks d'en-cours	SI	
	33/34	En-cours de production de biens/ de services		SI
33/34		En-cours de production de biens/de services	SF	
	7133/34	Variations des stocks d'en-cours		SF

- **À l'achèvement du contrat** : enregistrement de la vente à la date de facturation et annulation du stock initial :

7133/34		Variations des stocks d'en-cours	SI	
	33/34	En-cours de production de biens/ de services		SI
411		Clients		
	70	Ventes		
	44571	TVA collectée		

Les sommes versées par le client pendant l'exécution du contrat sont enregistrées en avances et acomptes.

▶ **Exemple**

En mai N, la société Zebda a conclu un contrat dont la date d'achèvement est prévue au 30 juin N+1 dans les conditions suivantes :

	Prix de vente définitif	Coût de revient prévisionnel	Coût cumulé des travaux
N		440 000	220 000
N+1	500 000		450 000

		31/12/N		
335		Travaux en cours	220 000	
	71335	Variations des stocks d'en-cours		220 000
		30/06/N+1		
411		Clients	600 000	
	704	Ventes		500 000
	44571	TVA collectée		100 000
		31/12/N+1		
7135		Variations des stocks d'en-cours	220 000	
	335	Travaux en cours		220 000

LE + DE L'EXPERT

La méthode à l'achèvement n'est pas autorisée en IFRS.

31 Contrats à long terme : comptabilisation selon la méthode à l'avancement

Mots-clés

Facturation intermédiaire • Méthode à l'avancement

1 Conditions d'utilisation de la méthode à l'avancement (C. com., art. L. 123-21)

La **méthode à l'avancement** ne peut être valablement utilisée que si :
- un inventaire est tenu afin d'évaluer les en-cours à la clôture ;
- le cocontractant accepte les travaux et services réalisés ;
- des documents comptables prévisionnels peuvent être établis grâce à la tenue d'une comptabilité analytique.

2 Calcul du pourcentage d'avancement (PCG, art. 622-3)

La formule de calcul est la suivante :

$$\frac{\text{Coût des travaux et services exécutés et acceptés à la clôture}}{\text{Coût de revient total prévisionnel}}$$

Des mesures physiques ou des études permettant d'évaluer le volume des travaux ou services exécutés peuvent aussi être utilisées (les méthodes de calcul doivent être précisées dans l'annexe).

3 Étapes d'enregistrement comptable

La méthode à l'avancement implique deux étapes :

• **À la date de clôture du premier exercice et des suivants** : enregistrement du CA en appliquant le pourcentage d'avancement pour enregistrer le résultat à l'avancement.
- Résultat à l'avancement $_N$ = Résultat à terminaison × % d'avancement $_N$
- CA à enregistrer $_N$ = Résultat à l'avancement $_N$ + Coût des travaux et services exécutés et acceptés $_N$

4181		Clients – factures à établir		
	70	Ventes		
	44587	TVA sur factures à établir		

• **À l'achèvement du contrat** : enregistrement de la vente à la date de facturation et contrepassation du chiffre d'affaires déjà enregistré :

411		Clients		
	70	Ventes		
	44571	TVA collectée		
70		Ventes		
44587		TVA sur factures à établir		
	4181	Clients – factures à établir		

▶ Exemple (suite)

Application de la méthode à l'avancement

• Pourcentage d'avancement$_N$ = 220 000/440 000, soit 50 %.
• Résultat à terminaison : 500 000 – 440 000 = 60 000.
• Résultat à l'avancement$_N$: 60 000 × 50 % = 30 000.
• CA à enregistrer$_N$ = 30 000 + 220 000 = 250 000.

		31/12/N–1		
4181		Clients – factures à établir	300 000	
	704	Ventes		250 000
	44587	TVA sur factures à établir		50 000
		30/06/N+1		
411		Clients	600 000	
	704	Ventes		500 000
	44571	TVA collectée		100 000
		31/12/N+1		
704		Ventes	250 000	
44587		TVA sur factures à établir	50 000	
	4181	Clients – factures à établir		300 000

Comparaison des méthodes à l'achèvement et à l'avancement

	Méthode à l'achèvement			Méthode à l'avancement		
	N	N + 1	Total	N	N + 1	Total
CA enregistré	0	500 000	500 000	250 000	250 000	500 000
Résultat enregistré	0	50 000	50 000	30 000	20 000	50 000

Les éventuelles **facturations intermédiaires** doivent être prises en compte pour le calcul du CA à enregistrer à la clôture.

▶ Exemple (suite)

En supposant qu'au cours de l'exercice N, le contrat prévoit une facturation intermédiaire de 200 000 € HT : le CA à enregistrer à la clôture de N est de 250 000 – 200 000 = 50 000 € HT. Si le contrat prévoit une facturation intermédiaire de 260 000 € HT, l'excédent de 10 000 € HT est à enregistrer en produits constatés d'avance. ◀

Le coût des travaux et services ne correspondant pas à l'avancement est à enregistrer en travaux et stocks d'en-cours.

PCG, art. 622-4. Si l'entité retient la méthode à l'avancement mais n'est pas en mesure d'estimer de façon fiable le résultat à terminaison, aucun profit n'est dégagé. À la date de clôture, le montant inscrit en chiffre d'affaires est limité à celui des charges ayant concouru à l'exécution du contrat.

LE + DE L'EXPERT

Sauf si le pourcentage d'avancement est déterminé par des mesures physiques ou des études et si le coût prévisionnel n'est pas modifié, le CA à enregistrer peut être calculé directement en appliquant le pourcentage d'avancement au prix de vente prévisionnel : $\text{CA à enregistrer}_N = \text{PV prévisionnel}_N \times \%$ d'avancement.

32 Cas des contrats à long terme déficitaires

Mots-clés

Méthode à l'achèvement • Méthode à l'avancement • Perte à terminaison

1 Comptabilisation selon la méthode à l'achèvement

Définition

La **perte à terminaison** est un résultat déficitaire : le coût de revient total prévisionnel est supérieur au CA total prévisionnel.

À la clôture de l'exercice, il convient, selon la **méthode à l'achèvement**, de compléter les écritures par l'enregistrement de la perte à terminaison sous la forme :

- D'une dépréciation du stock d'en-cours égale à :

$$\text{Perte à terminaison} \times \frac{\text{Montant du stock d'en-cours}}{\text{Coût de revient total prévisionnel}}$$

68173		Dotations aux dépréciations des stocks et en-cours		
	393/394	Dépréciation des en-cours de production de biens/de services		

- D'une provision pour pertes sur contrats égale à :

Perte à terminaison – Dépréciation du stock d'en-cours

6815		Dotations aux provisions d'exploitation		
	1516	Provisions pour pertes sur contrats		

▶ Exemple

En mai N, une société a conclu un contrat de 399 000 € HT avec un client dont la date d'achèvement est prévue le 30 juin N +1. Au 31 décembre N, face à la hausse des matières premières, le coût de revient total est estimé à 420 000 €. Pour l'exercice N, le coût des travaux exécutés est de 140 000 €.
Le contrat est déficitaire car le résultat à terminaison est de – 21 000 € (399 000 – 420 000).
À la clôture, il convient d'enregistrer :

		31/12/N		
335		Travaux en-cours	140 000	
	71335	Variations des stocks d'en-cours		140 000

		31/12/N		
68173		Dotations aux dépréciations des stocks et en-cours	7 000	
	39335	Dépréciation des travaux en-cours $21\,000 \times \frac{140\,000}{420\,000}$		7 000
		31/12/N		
6815		Dotations aux provisions d'exploitation	14 000	
	1516	Provisions pour pertes sur contrats 21 000 – 7 000		14 000

2 Comptabilisation selon la méthode à l'avancement

L'enregistrement du résultat selon la **méthode à l'avancement** à la clôture permet de constater la perte sur contrat rattachable à l'exercice N.

Il convient de compléter les écritures par l'enregistrement d'une provision pour pertes sur contrats égale à :

Provision N = Perte à terminaison – Montant du résultat à l'avancement N

▶ Exemple (suite)

Le contrat est déficitaire car le résultat à terminaison est de – 21 000 € (399 000 – 420 000).
Pourcentage d'avancement$_N$ = 140 000/420 000 = 1/3
CA à enregistrer$_N$ = 399 000/3 = 133 000 €
Ainsi, en N, le résultat enregistré est de 133 000 – 140 000 = – 7 000 €.

		31/12/N		
4181		Clients – factures à établir	159 600	
	704	Ventes		133 000
	44587	TVA sur factures à établir		26 600
6815		Dotations aux provisions d'exploitation	14 000	
	1516	Provisions pour pertes sur contrats 21 000 – 7 000		14 000

3 Cas d'un résultat à terminaison non fiable

PCG, art. 622-6. En présence de plusieurs hypothèses de calcul, la perte provisionnée est la plus probable d'entre elles ou à défaut la plus faible. Dans ce cas, l'article 833-20/4 [du PCG] prévoit une description appropriée dans l'annexe du risque additionnel mesuré par rapport à l'hypothèse de perte la plus faible.

La perte qui ne peut être estimée de façon raisonnable ne donne lieu à aucune provision mais à une information dans l'annexe [...].

LE + DE L'EXPERT

Le montant de la provision pour pertes sur contrats est identique selon que l'entité utilise la méthode à l'achèvement ou la méthode à l'avancement.

33 Participation et intéressement des salariés aux résultats de l'entreprise

Mots-clés

Accord d'entreprise • Accord de participation • Intéressement • Participation • Plan d'épargne

1 Participation des salariés aux résultats de l'entreprise

A. Principe

La participation est obligatoire dans les entreprises ayant eu plus de 50 salariés pendant 12 mois, consécutifs ou non, au cours des trois derniers exercices (C. trav., art. L. 3322-2). Les entreprises concernées doivent mettre en place un accord de participation conclu avec les parties intéressées et fixant les modalités de la participation.

Les sommes versées à la réserve spéciale de participation sont soumises :
- du côté de l'employeur, au forfait social de 20 % (exonération des entreprises de moins de 50 salariés) ;
- du côté des salariés, à la CSG (9,2 %) et la CRDS (0,5 %).

Fiscalement, la participation au titre de N est déductible en N+1.

B. Calcul de la participation

Calcul de la réserve spéciale de participation : $RSP = \frac{1}{2} \times (B - 5\,\%\,C) \times \frac{S}{VA}$

B	Bénéfice fiscal soumis au taux de droit commun. On doit déduire de ce bénéfice le montant de l'IS (qui dépend notamment du forfait social déductible).
C	Capitaux propres incluant (Code du travail, article D. 3324-4) : • Capital appelé et libéré (nécessité d'appliquer un prorata en cas d'augmentation du capital en cours d'exercice). • Primes liées au capital social (application du prorata également). • Réserves, écart de réévaluation libre et report à nouveau. • Provisions réglementées. • Provisions fiscales ayant supporté l'impôt (hors dotations de l'exercice). **Sont exclus** le résultat de l'exercice, les subventions d'investissement, amortissements dérogatoires, capitaux propres investis dans des établissements à l'étranger, réserve de réévaluation légale et provision spéciale de réévaluation légale de 1976.
S	Salaires bruts effectivement payés au cours de l'exercice.
VA	Calcul imposé par l'article D. 3324-2 du Code du travail incluant : • Résultat courant avant impôt • Charges de personnel • Impôts, taxes et versements assimilés, à l'exclusion des taxes sur le CA • Charges financières • Dotations aux amortissements • Dotations de l'exercice aux provisions, à l'exclusion des dotations figurant dans les charges exceptionnelles

C. Traitement comptable

• À la clôture

On enregistre une charge en contrepartie d'une dette provisoire :

		À la date de clôture		
691		Participation des salariés		
	4284	Dettes provisionnées pour participation des salariés aux résultats		

L'entreprise doit également enregistrer la charge liée au forfait social :

		À la date de clôture		
645		Charges de Sécurité sociale et de prévoyance		
	4386	Organismes sociaux – charges à payer		

• À l'approbation des comptes

Lorsque le montant de la réserve de participation devient définitif, la dette provisoire devient définitive :

		À la date de l'AGO		
4284		Dettes provisionnées pour participation des salariés aux résultats		
	4246	Réserve spéciale de participation		

De ce montant, il faut déduire la CSG et CRDS (9,7 %) dues par le salarié à la Sécurité sociale :

		À la date de l'AGO		
421		Personnel – rémunérations dues		
	431	Sécurité sociale		

Il est possible de ne passer qu'une seule écriture en lieu et place des deux précédentes.

Enfin, le forfait social devient définitif :

		À la date de l'AGO		
4386		Organismes sociaux – charges à payer		
	431	Sécurité Sociale		

• À l'affectation de la réserve

Affectation de la réserve à un fonds créé en interne :

		À la date de l'affectation		
4246		Réserve spéciale de participation		
	1662	Fonds de participation		

Affectation de la réserve à un plan d'épargne salariale :

		À la date de l'affectation		
4246		Réserve spéciale de participation		
	4247	Personnel – PEE, PEI ou PERE		

Affectation de la réserve à un fonds bloqué (en cas d'absence d'accord) :

		À la date de l'affectation		
4246		Réserve spéciale de participation		
	1661	Participation des salariés – comptes bloqués		

2 Intéressement

A. Principe

L'**intéressement** est un dispositif facultatif calculé selon les résultats de l'entreprise. La formule de calcul est spécifique à chaque entreprise selon les termes d'un **accord d'entreprise**.

Les sommes versées sur la réserve spéciale sont soumises :

- du côté de l'employeur, au forfait social de 20 % (exonération des entreprises de moins de 250 salariés) ;
- du côté des salariés, à la CSG (9,2 %) et à la CRDS (0,5 %).

Fiscalement, l'intéressement au titre de N est déductible en N.

B. Traitement comptable

- **À la clôture**

On enregistre une charge en contrepartie d'une dette provisoire :

		À la date de clôture		
6414		Indemnités et avantages divers		
	4286	Personnel – autres charges à payer		

L'entreprise doit également enregistrer la charge liée au forfait social :

		À la date de clôture		
645		Charges de Sécurité sociale et de prévoyance		
	4386	Organismes sociaux – charges à payer		

- **À l'approbation des comptes**

Lorsque le montant de l'intéressement devient définitif, la dette provisoire devient définitive :

		À la date de l'AGO		
4286		Personnel – autres charges à payer		
	421	Personnel – rémunérations dues		

De ce montant, il faut déduire la CSG et CRDS (9,7 %) dues par le salarié à la Sécurité sociale :

		À la date de l'AGO		
421		Personnel – rémunérations dues		
	431	Sécurité sociale		

Enfin, le forfait social devient définitif :

		À la date de l'AGO		
4386		Organismes sociaux – Autres charges à payer		
	431	Sécurité sociale		

- **À l'affectation de la réserve**

Versement monétaire de l'intéressement :

		À la date de versement		
421		Personnel – Rémunérations dues		
	512	Banques		

Affectation de l'intéressement à l'épargne salariale

		À la date de l'affectation		
421		Personnel – rémunérations dues		
	4247	Personnel – PEE, PEI ou PERE		

LE + DE L'EXPERT

- La CSG et la CRDS ne sont prélevées qu'une fois que le montant de la réserve de participation est définitif.
- À l'examen, les taux du forfait social, de la CSG et de la CRDS seront fournis.

34 Épargne salariale

Mots-clés

Abondement • Plan d'épargne

1 Principe

Les **plans d'épargne** offrent aux salariés la possibilité de constituer une épargne, sous forme de portefeuille de valeurs mobilières, alimenté par des versements volontaires des salariés, des abondements de l'entreprise ou encore par la participation et l'intéressement (↪ fiche 32).

Définition

Les **abondements** correspondent aux versements sur les plans d'épargne effectués par les salariés et les employeurs.

On distingue dans les plans d'épargne :

- Le plan d'épargne entreprise (PEE).
- Le plan d'épargne interentreprises (PEI) : plan d'épargne commun à plusieurs entreprises.
- Les plans d'épargne retraite (PERE-CO et PERE-OB) : plan d'épargne visant à la constitution d'un complémentaire de retraite.

Les sommes versées aux plans d'épargne sont soumises :

– du côté de l'employeur, au forfait social de 10 % (exonération des entreprises de moins de 50 salariés ;

– du côté des salariés, à la CSG (9,2 %) et la CRDS (0,5 %).

2 Traitement comptable

A. Versements effectués par les salariés

Si les versements sur les plans d'épargne sont réalisés par les salariés, on passe les écritures suivantes :

		À la date du versement		
512		Banque		
	4247	Personnel – PEE, PEI ou PERE		

Si les versements aux plans sont prélevés sur les salaires ou l'intéressement (↪ fiche 32), on enregistre :

		À la date du versement		
421		Personnel – rémunérations dues		
	4247	Personnel – PEE, PEI ou PERE		

Si les versements sont prélevés sur la réserve de participation (➥ fiche 33) :

		À la date du versement
4246		Réserve spéciale de participation
	4247	Personnel – PEE, PEI ou PERE

B. Abondements par l'entreprise

Les abondements par l'entreprise sont enregistrés ainsi :

		À la date de l'abondement
647		Autres charges sociales
	4247	Personnel – PEE, PEI ou PERE

De ce montant, il faut déduire la CSG et CRDS (9,7 %) dues par le salarié à la Sécurité sociale et enregistrer le forfait social :

		À la date de l'abondement
4247		Personnel – PEE, PEI ou PERE
	431	Sécurité sociale

L'entreprise doit également enregistrer la charge liée au forfait social (➥ fiche 33).

C. Affectation des plans à l'achat de titres

Le plan d'épargne salariale peut être utilisé pour l'acquisition de titres d'organismes extérieurs ou d'actions, anciennes ou nouvelles, de l'entreprise.

Si les fonds sont utilisés pour l'acquisition de titres d'organismes extérieurs, on enregistre :

		À la date de l'affectation
4247		Personnel – PEE, PEI ou PERE
	512	Banque

Si les fonds sont utilisés pour acquérir des actions propres :

		À la date de l'affectation
4247		PEE, PEI ou PERE
	502	Actions propres

Si les fonds sont utilisés pour distribuer des actions nouvelles :

		À la date de l'affectation
4247		PEE, PEI ou PERE
	101	Capital social
	1041	Primes d'émission

LE + DE L'EXPERT

À la suite de la suppression du forfait social, les dispositifs de participation des salariés aux résultats devraient se multiplier dans les TPE et PME dans les années à venir (➥ fiche 33).

35 Impôt sur les sociétés (IS)

Mots-clés

Contribution additionnelle • Crédit d'impôt • Impôt sur les sociétés • Report en arrière

1 Comptabilisation de l'IS et des contributions additionnelles

Le paiement de l'**impôt sur les sociétés** dû au titre d'un exercice s'effectue en cinq versements :

– quatre acomptes versés pendant l'exercice ;

– le solde de liquidation versé après la clôture de l'exercice.

- **Au cours de l'exercice** : enregistrement du versement des acomptes (en principe, le 15/03, 15/06, 15 /09 et 15/12) :

444		État – impôts sur les bénéfices		
	512	Banque		

- **À la clôture** : enregistrement de l'IS et des **contributions additionnelles** dus au titre de l'exercice :

695		Impôts sur les bénéfices		
6952		Contribution additionnelle à l'impôt sur les bénéfices		
	444	État – impôts sur les bénéfices		

- **Le versement du solde de l'IS** : le solde de l'IS se calcule de la façon suivante :

Solde de l'IS = IS dû au titre de l'exercice – Acomptes d'IS versés en N

Si le solde de l'IS est positif, enregistrement de son versement (en principe le 15/05) :

444		État – impôts sur les bénéfices		
	512	Banque		

Si le solde de l'IS est négatif, enregistrement de son remboursement (à défaut d'une demande de remboursement par la société, le solde est imputé sur les acomptes à verser) :

512		Banque		
	444	État – impôts sur les bénéfices		

▶ Exemple

Une société est redevable d'un IS de 100 000 € au titre de l'exercice N. Au cours de l'exercice N, la société a versé 88 000 € d'acomptes.

		31/12/N		
695		Impôts sur les bénéfices	100 000	
	444	État – impôts sur les bénéfices		100 000
		IS dû au titre de l'exercice N		
		15/05/N+1		
444		État – impôts sur les bénéfices	12 000	
	512	Banque		12 000
		Versement du solde de l'IS (100 000 – 88 000)		

2 Comptabilisation des crédits d'impôt

Le **crédit d'impôt** diminue l'IS dû au titre de l'exercice (totalement ou partiellement) :

444		État – impôts sur les bénéfices		
	695	Impôts sur les bénéfices		

- Si l'IS dû au titre de l'exercice est insuffisant, enregistrement de l'excédent du crédit d'impôt et de son remboursement :

444x		État – crédits d'impôt restituables		
	699	Produits – crédits d'impôt		
512		Banque		
	444x	État – crédits d'impôt restituables		

▶ **Exemple**

Une société est redevable d'un impôt de 100 000 € au titre de l'exercice N. Son crédit d'impôt au titre de l'exercice N s'élève à 115 000 €.

		31/12/N		
695		Impôts sur les bénéfices	100 000	
	444	État – impôts sur les bénéfices		100 000
		IS dû au titre de l'exercice N		
		31/12/N		
444		État – impôts sur les bénéfices	100 000	
	695	Impôts sur les bénéfices		100 000
		Imputation du crédit d'impôt sur l'IS dû		
		31/12/N		
444x		État – crédits d'impôt restituables	15 000	
	699	Produits – crédits d'impôt		15 000
		Excédent crédit d'impôt		

3 Comptabilisation du report en arrière du déficit

À la clôture de l'exercice N, le **report en arrière** du déficit fait naître une créance sur l'État :

444x		État – créances résultant du report en arrière des déficits		
	699	Produits – report en arrière des déficits		

En annexe, une information sur la nature, le montant et le traitement des créances résultant du report en arrière des déficits doit être fournie.

Dans un délai de 5 ans, la créance est utilisée pour le paiement de l'IS (acomptes et solde) :

444x		État – impôts sur les bénéfices		
	444x	État – créances résultant du report en arrière des déficits		
	512	Banque		

- Le solde de la créance qui n'a pu être utilisé est remboursé :

512		Banque		
	444x	État – créances du report en arrière des déficits		

▶ **Exemple**

Une société utilise sa créance résultant d'un report en arrière (*carry-back*) de 5 000 € pour le paiement du 3e acompte d'IS d'un montant de 8 000 €.

444.1		État – acomptes d'impôts sur les bénéfices	8 000	
	444.2	État – créances résultant du report en arrière des déficits		5 000
	512	Banque		3 000

LE + DE L'EXPERT

À l'examen, aucun calcul nécessitant l'application de règles fiscales n'est requis.

36 Aides aux entreprises : abandons de créance

Mots-clés

Abandon de créance • Clause de retour à meilleure fortune

1 Principe de comptabilisation des abandons de créance

Définition

Un **abandon de créance** est la renonciation par une entreprise à demander le remboursement de tout ou partie de sa créance à une autre entreprise.

Typologie des abandons de créance

	Abandon de créance à caractère commercial	Abandon de créance à caractère financier
Nature de la créance	Créance client	• Prêt • Avance
Liens existant entre les deux entreprises	Relations commerciales : fournisseur/client	Liens financiers : sociétés d'un même groupe
Motivations de l'abandon	• Maintien des débouchés • Préservation des sources d'approvisionnement	• Assainissement de la situation financière • Opération de restructuration

Signification comptable selon la situation de l'entreprise

Pour l'entreprise qui consent l'abandon → Perte → Enregistrement d'une **charge exceptionnelle** (si abandon à caractère commercial) ou **financière** (si abandon à caractère financier)

Pour l'entreprise qui bénéficie de l'abandon → Profit → Enregistrement d'un **produit exceptionnel**

2 Comptabilisation des abandons de créance à caractère commercial

L'abandon de créance est soumis à TVA s'il est considéré comme la rémunération d'un service rendu ou comme un complément de prix d'une opération taxable.

A. Pour la société qui consent à l'abandon

6788		Charges exceptionnelles diverses	Montant HT	
4566		TVA déductible sur ABS	TVA	
	411	Clients		Montant TTC

B. Pour la société qui bénéficie de l'abandon

401		Fournisseurs	Montant TTC	
	7788	Produits exceptionnels divers		Montant HT
	4571	TVA collectée		TVA

▶ **Exemple**

La société Alma bénéficie de l'abandon commercial d'une créance de 48 000 € consentie par son fournisseur. L'abandon est soumis à la TVA.

		01/05/N		
401		Fournisseurs	48 000	
	7788	Produits exceptionnels divers		40 000
	4571	TVA collectée		8 000

3 Comptabilisation des abandons de créance à caractère financier

A. Pour la société qui consent à l'abandon

L'écriture suivante doit être enregistrée :

664		Pertes sur créances liées à des participations		
	267	Créances rattachées à des participations		

L'abandon de créance peut donner lieu à l'enregistrement d'une reprise totale ou partielle de la dépréciation constatée sur les titres de participation de la filiale chez la société mère.

▶ **Exemple**

Une société mère détient 50 % des titres de sa filiale acquis pour 150 000 € en N – 10. Au 31/12/N – 1, les capitaux propres de la filiale étant devenus négatifs, la société mère a déprécié totalement ses titres de participation. Au 31/12/N, alors que la situation nette de sa filiale demeure négative (– 50 000 €), la société mère consent à sa filiale un abandon de créance de 100 000 €.

Au 31/12/N, après l'enregistrement de l'abandon chez la filiale, on obtient :

– Situation nette de la filiale = – 50 000 + 100 000 = + 50 000 €

– Valeur d'utilité des titres de participation = 50 % × 50 000 = 25 000 €

– Montant de la reprise = 25 000 €

Soient les écritures suivantes :

		31/12/N		
664		Pertes sur créances liées à des participations	100 000	
	267	Créances rattachées à des participations		100 000
291		Dépréciation des titres de participation	25 000	
	7866	Reprise sur dépréciation		25 000

B. Pour la société qui bénéficie de l'abandon

L'écriture suivante doit être enregistrée :

		31/12/N		
171		Dettes rattachées à des participations		
	7788	Produits exceptionnels divers		

4 Cas particulier : clause de retour à meilleure fortune

Définition

La **clause de retour à meilleure fortune** a pour objet d'obliger l'ancien débiteur à rembourser sa dette antérieure s'il retrouve les moyens financiers suffisants.

A. Pour la société qui consent à l'abandon

À la date de l'abandon de la créance	• Aucune modification de l'enregistrement comptable de l'abandon de créance. • Mention en annexe de la clause dans les engagements hors bilan (engagements financiers reçus).
Au retour à meilleure fortune	Enregistrement de la créance en contrepartie d'un produit exceptionnel (7788) si l'abandon est à caractère commercial, ou d'un produit financier (768) s'il est à caractère financier.

B. Pour la société qui bénéficie de l'abandon

À l'abandon de la créance	• Aucune modification de l'enregistrement comptable de l'abandon de créance. • Mention en annexe de la clause dans les engagements hors bilan (engagements financiers donnés).
Au retour à meilleure fortune	Enregistrement de la dette en contrepartie d'une charge exceptionnelle (6788).

Si le retour à meilleure fortune est probable à la clôture de l'exercice, une provision est à enregistrer.

LE + DE L'EXPERT

Attention, le fait que l'abandon de créance ait lieu entre deux sociétés d'un même groupe ne suffit pas à en justifier le caractère financier.

37 Aides aux entreprises : subventions (cas général)

Mots-clés

Subvention d'équilibre • Subvention d'exploitation • Subvention d'investissement

1 Subventions d'exploitation et d'équilibre

Définitions

- Une **subvention d'exploitation** est une subvention dont bénéficie l'entreprise pour lui permettre de compenser l'insuffisance de certains produits d'exploitation ou de faire face à certaines charges d'exploitation.
- Une **subvention d'équilibre** est une subvention dont bénéficie l'entreprise pour compenser, en tout ou partie, la perte globale qu'elle aurait constatée si cette subvention ne lui avait pas été accordée.

▶ Exemples

• Une subvention d'exploitation peut être accordée à une PME pour l'aider à financer une campagne de publicité à l'international.
• Une subvention d'équilibre peut être octroyée à un restaurateur en zone rurale pour les six premiers mois d'exploitation. ◀

Les subventions d'exploitation et subventions d'équilibre sont enregistrées au compte de résultat dès la décision d'octroi. Seules les subventions d'exploitation peuvent être soumises à la TVA.

A. Comptabilisation des subventions d'exploitation

		À la date de notification		
4417		État – subvention d'exploitation à recevoir	Montant TTC	
	74	Subventions d'exploitation		Montant HT
	44571	TVA collectée		TVA
		À la date de versement		
512		Banque	Montant TTC	
	4417	État – subvention d'exploitation à recevoir		Montant TTC

B. Comptabilisation des subventions d'équilibre

		À la date de notification		
4418		État – subvention d'équilibre à recevoir		
	7715	Subventions d'équilibre		
		À la date de versement		
512		Banque		
	4418	État – subvention d'équilibre à recevoir		

2 Subventions d'investissement

Définition

Une **subvention d'investissement** est une subvention dont bénéficie l'entreprise en vue d'acquérir ou de créer des valeurs immobilisées (subvention d'équipement) ou de financer des activités à long terme (autres subventions d'équipement).

La subvention d'investissement est enregistrée dès la décision d'octroi, soit immédiatement en produits exceptionnels, soit de manière étalée :

- Enregistrement immédiat en produits exceptionnels :

		À la date de notification		
4411		État – subvention d'investissement à recevoir		
	777	Quote-part des subventions d'investissement virée au résultat de l'exercice		
		À la date de versement		
512		Banque		
	4411	État – subvention d'investissement à recevoir		

- Enregistrement étalé : la subvention est enregistrée en capitaux propres dans le compte 131 ou 138 selon sa catégorie :

		À la date de notification		
4411		État – subvention d'investissement à recevoir		
	131/138	Subventions d'équipement		
		À la date de versement		
512		Banque		
	4411	État – subvention d'investissement à recevoir		

À la clôture de l'exercice, la subvention d'investissement est reprise au compte de résultat de façon étalée :

139		Subventions d'investissement inscrites au compte de résultat		
	777	Quote-part des subventions d'investissement virée au résultat de l'exercice		

Le rythme de reprise de la subvention dépend du caractère amortissable ou non de l'immobilisation subventionnée :

Immobilisations amortissables et non amortissables

Immobilisations amortissables	Non décomposées	Reprise de la subvention d'investissement sur la même durée et au même rythme que l'amortissement fiscal de l'immobilisation subventionnée : $\text{Subvention N} = \text{Dotation aux amortissements N} \times \frac{\text{Montant de la subvention}}{\text{Valeur de l'immobilisation}}$
Immobilisations amortissables	Décomposées	Ventilation de la subvention d'investissement au prorata de la valeur des composants et de la structure de l'immobilisation subventionnée et reprise de la subvention sur la même durée et au même rythme que l'amortissement fiscal de chaque composant et de la structure de l'immobilisation subventionnée.
Immobilisations non amortissables	Avec clause d'inaliénabilité	Reprise de la subvention d'investissement sur la durée mentionnée dans la clause d'inaliénabilité. $\text{Reprise de la subvention N} = \frac{\text{Montant de la subvention}}{\text{Durée de la clause d'inaliénabilité}}$
Immobilisations non amortissables	Sans clause d'inaliénabilité	Reprise de la subvention d'investissement sur 10 ans. $\text{Reprise de la subvention N} = \frac{\text{Montant de la subvention}}{10}$

▶ Exemple

Soit un robot acquis le 1er janvier N pour 400 000 € HT et subventionné à hauteur de 100 000 €. Il se décompose, ainsi :

	Montant	Amortissement comptable	Amortissement fiscal
Structure	280 000	Linéaire (10 ans)	
Composant	120 000	Linéaire (5 ans)	Dégressif (3 ans, coefficient 1,25)
Total	400 000		

	Dotation comptable	Dotation fiscale	Subvention	Reprise subvention
Structure	$\frac{280\,000}{10}$ $= 28\,000$		$\frac{280\,000}{400\,000} \times 100\,000$ $= 70\,000$	$28\,000 \times \frac{70\,000}{280\,000}$ $= 7\,000$
Composant	$\frac{120\,000}{5}$ $= 24\,000$	$\frac{120\,000}{3} \times 1{,}25$ $= 50\,000$	$\frac{120\,000}{400\,000} \times 100\,000$ $= 30\,000$	$50\,000 \times \frac{30\,000}{120\,000}$ $= 12\,500$

Seul le montant net de la subvention d'investissement (différence entre les soldes des comptes 131, 138 et 139) figure au bilan entre le résultat de l'exercice et les provisions réglementées. En cas de cession d'une immobilisation subventionnée, le montant de la subvention non encore repris au compte de résultat est enregistré en produits exceptionnels (compte 777) et les comptes relatifs à la subvention sont soldés :

131		Subventions d'équipement	Montant total de la subvention	
	139	Subventions d'investissement inscrites au compte de résultat		

LE + DE L'EXPERT

- Soyez attentif à la mention HT (hors taxes) afin de déterminer si la subvention d'exploitation est soumise ou non à la TVA.
- Soyez également attentif à l'énoncé de l'examen ; il vous permettra de déterminer la méthode de comptabilisation des subventions d'investissement qui est utilisée.

38 Aides aux entreprises : cas spécifiques et aides à l'emploi

Mots-clés

Aide à l'emploi • Subvention accordée sous conditions résolutoires • Subvention accordée sous conditions suspensives

1 Subventions spécifiques

A. Subvention accordée sous conditions résolutoires

Définition

Une **subvention accordée sous conditions résolutoires** est une subvention accordée, mais qui devra être remboursée si les conditions ne sont pas remplies.

À la date de signature du contrat, la subvention est enregistrée selon les règles générales. À la clôture de l'exercice, si l'entité estime qu'elle ne pourra pas remplir les conditions, une provision pour risques et charges est enregistrée :

6875		Dotations aux provisions exceptionnelles		
	1518	Autres provisions pour risques		

Si la subvention doit être remboursée, l'entité enregistre une charge exceptionnelle et la reprise de la provision éventuelle à la date de clôture de l'exercice :

		À la date de remboursement		
6718		Autres charges exceptionnelles sur opérations de gestion		
	512	Banque		
		À la date de clôture		
1518		Autres provisions pour risques		
	7875	Reprises sur provisions exceptionnelles		

B. Subvention accordée sous conditions suspensives

Définition

Une **subvention accordée sous conditions suspensives** est une subvention qui n'est pas accordée définitivement tant que la ou les conditions ne sont pas remplies.

Les conditions suspensives retardent l'enregistrement de la subvention au compte de résultat : elle est enregistrée lorsque les conditions sont réalisées.

- Si l'entreprise reçoit une partie des fonds avant d'avoir rempli les conditions :

512		Banque		
	4419	État – avance sur subventions		

- Si les conditions ne sont pas remplies, l'entité devra rembourser les fonds éventuellement perçus :

4419		État – avance sur subventions		
	512	Banque		

- Si les conditions sont remplies, la subvention sera définitivement acquise :

4419		État – avance sur subventions		
	1317	Compte de subvention		

2 Aides à l'emploi et à la formation

Les **aides à l'emploi** comprennent les aides visant à faciliter l'embauche mais aussi la formation des salariés tout au long de leur parcours professionnel.

Types d'aides à l'emploi	Enregistrement
Subventions d'exploitation	Enregistrement similaire aux subventions d'exploitation.
Subventions d'investissement	Enregistrement similaire aux subventions d'investissement.
Exonérations ou réductions de cotisations sociales	Aucun enregistrement spécifique (les exonérations sont prises en compte dans le calcul des cotisations sociales).
Remboursements forfaitaires de charges	Enregistrement dans un compte de transfert de charges : 443 — Opérations particulières avec l'État, les collectivités publiques 791 — Transferts de charges d'exploitation
Remboursements de sommes précises	Enregistrement dans le compte de charges préalablement utilisé par l'entreprise pour comptabiliser la charge initiale : 443 — Opérations particulières avec l'État, les collectivités publiques 617 — Études et recherches *ou* 6226 — Honoraires *ou* 6414 — Indemnités et avantages directs

LE + DE L'EXPERT

Soyez attentif à l'énoncé du sujet ; il vous permettra de différencier les catégories d'aides à l'emploi. Ainsi, si l'aide correspond à un remboursement de sommes précises, le compte utilisé lors de la comptabilisation de la charge correspondante est probablement précisé.

39 Principe de permanence des méthodes et options comptables

Mots-clés

Méthode comptable • Méthode de référence

1 Principe de permanence des méthodes

Article 121-5 du PCG : La cohérence et la comparabilité des informations comptables au cours des périodes successives reposent sur la **permanence des méthodes comptables** et de la structure du bilan et du compte de résultat.

Une entité doit appliquer d'un exercice à l'autre les mêmes méthodes comptables aux informations et opérations similaires.

2 Méthodes comptables et méthodes de référence

Définitions

- Une **méthode comptable** regroupe les principes, règles et pratiques spécifiques appliqués par une entité lors de l'établissement de ses comptes annuels. Il peut s'agir de méthodes d'évaluation et de comptabilisation et de méthodes de présentation des comptes.
- Une **méthode de référence** est une méthode comptable considérée par l'ANC (et donc le PCG) comme conduisant à une meilleure information car répondant aux principes généraux des normes de comptabilité privées.

Le PCG prévoit, pour certaines opérations, le choix explicite entre plusieurs méthodes comptables dont certaines sont qualifiées de « méthodes de référence ». Les méthodes comptables peuvent aussi être implicites, en l'absence de textes, et résulter d'une pratique conforme aux principes comptables.

Opérations à méthode de référence

Opérations	Méthode de référence	Autre(s) méthode(s)
Engagements de retraite	Provision	Annexe
Coûts de développement	Actif	Charge
Frais de création des sites Internet	Actif	Charge
Frais de constitution	Charge	Actif
Frais d'acquisition	Actif	Charge

Opérations sans méthode de référence

Opérations	Méthode admise	Autre(s) méthode(s)
Coûts d'emprunt pour financer un actif éligible	Actif	Charges
Évaluation des stocks	PEPS	CMP
Dépenses de gros entretien ou grande révision	Provision	Composant
Amortissent des primes de remboursement	Par fractions égales	Au prorata des intérêts courus
Frais d'émission d'emprunt	Charges	Charges à répartir
Subventions d'investissement	Produits	Capitaux propres
Contrats à long terme	À l'avancement	À l'achèvement
Frais d'augmentation de capital	Imputation sur la prime d'émission	Actif ou charges

LE + DE L'EXPERT

Seules les méthodes de référence sont autorisées en IFRS.

40 Changements comptables

Mots-clés

Changement de méthode comptable • Changement d'estimation • Correction d'erreurs • Estimation comptable

1 Changements de méthodes comptables

Changements de méthodes comptables

Changement de réglementation

L'entité est obligée d'appliquer le nouveau règlement de l'ANC et n'a donc pas à justifier en annexe le changement de méthode comptable.

Changement à l'initiative de l'entité

L'entité peut changer de méthode comptable s'il existe un choix entre plusieurs méthodes comptables et que ce changement conduit à une meilleure information financière.

▶ Exemple

Changement à l'initiative de l'entité (avis CNC n° 97-06)

Ces changements comprennent l'adoption d'une méthode de référence (irréversible, ce changement de méthode n'a pas à être justifié) ; l'adoption de la méthode comptable généralement retenue dans le secteur d'activité et l'adoption de la méthode comptable retenue dans les comptes consolidés. ◀

A. Comptabilisation

L'impact du changement de méthode est calculé de façon rétrospective (sauf si l'effet ne peut pas être calculé de façon objective). Les éléments d'actif et de passif impactés par le **changement de méthode comptable** sont réévalués à l'ouverture de l'exercice (principe d'intangibilité du bilan d'ouverture) comme si la nouvelle méthode avait été appliquée dans les comptes des exercices antérieurs. Ainsi, à l'ouverture de l'exercice, les comptes d'actif et de passif réévalués sont débités ou crédités en fonction de l'augmentation ou de la diminution de leur valeur.

En contrepartie, l'impact du changement de méthode est enregistré en :

- Report à nouveau (RAN), s'il n'a pas d'effet fiscal.
- RAN net d'impôt, si le changement de méthode se traduit par une hausse de l'actif net entraînant une augmentation de l'impôt sur les bénéfices. L'effet d'impôt est enregistré dans le compte 155. Provisions pour impôts
- Charges exceptionnelles, si l'impact du changement de méthode constitue une charge déductible.

▶ Exemple

Début N, une entité choisit de comptabiliser ses stocks de matières premières selon la méthode du PEPS. Valeur des stocks selon la méthode PEPS au 1er janvier N : 2 000 ; valeur selon la méthode CMP : 1 400.

Impact du changement = 2 000 – 1 400 = 600, à enregistrer au débit du compte stocks pour augmenter sa valeur et au crédit du compte RAN net d'impôt puisque l'actif augmente, ce qui implique une hausse de l'impôt sur les bénéfices.

		01/01/N		
31		Stocks de matières premières	600	
	110	RAN (600 × 2/3)		400
	155	Provisions pour impôts (600 × 1/3)		200

Cette même entité décide d'appliquer la méthode PEPS pour ses stocks de produits finis. Valeur des stocks selon la méthode PEPS au 01/01/N : 3 600 ; valeur selon la méthode CMP : 5 100.

Impact du changement = 3 600 – 5 100 = –1 500, à enregistrer au crédit du compte stocks pour diminuer sa valeur et au débit d'un compte de charges exceptionnelles puisque l'actif diminue, ce qui implique une baisse de l'impôt sur les bénéfices.

		01/01/N		
6718		Autres charges exceptionnelles sur opérations de gestion	1 500	
	355	Stocks de produits finis		1 500

L'entité décide aussi de provisionner ses engagements de retraite. Fin N–1, ils étaient mentionnés en annexe pour 8 900. Impact du changement : 8 900, à enregistrer au crédit du compte de provision pour augmenter sa valeur et au débit du compte RAN sans tenir compte de l'effet d'impôt puisque les provisions pour engagements de retraite ne sont pas déductibles.

		01/01/N		
110/119		RAN	8 900	
	153	Provisions pour pensions et obligations similaires		8 900

B. Informations à fournir en annexe

L'article 833-2 du PCG prévoit la mention et la justification du changement de méthode comptable ; la mention de l'impact du changement de méthode déterminé à l'ouverture en précisant les postes concernés ; la présentation des principaux postes des exercices antérieurs présentés, retraités selon la nouvelle méthode (informations pro forma).

2 Changements d'estimations comptables

Définition

Les **estimations comptables** sont le résultat de l'exercice du jugement et de la mise en œuvre d'hypothèses dans l'application d'une méthode comptable (PCG, art. 122-4).

Pour comptabiliser certaines opérations et établir ses états financiers, une entité doit recourir à des estimations. D'un exercice à l'autre, une entité peut modifier ses estimations.

Article 122-5 du PCG : « Les **changements d'estimation** résultent soit d'un changement de circonstances sur lesquelles l'estimation était fondée, soit de nouvelles informations ou d'une meilleure expérience. [...] À défaut de pouvoir qualifier clairement une modification de changement de méthode comptable ou de changement d'estimation, cette modification est assimilée à un changement d'estimation. »

▶ Exemples

Modification de l'âge légal de départ à la retraite pour le calcul des engagements de retraite ; décision d'arrêter l'utilisation d'une marque. ◂

A. Comptabilisation

L'impact du changement d'estimation est :

– calculé de façon prospective, c'est-à-dire pour l'exercice en cours et les exercices futurs ;

– et enregistré en résultat.

▶ Exemple

Début N, une entité estime que, du fait d'une usure accélérée, la durée d'utilisation résiduelle d'un matériel acquis début N – 2 pour 10 000 € et amortissable sur 5 ans, est de 2 ans. $VNC_{01/01/N}$ = 10 000 – 10 000/5 × 2 = 6 000, à amortir sur 2 ans soit 3 000 de dotation.

		31/12/N		
68112		Dotations aux amortissements des immobilisations corporelles	3 000	
	28153	Amortissements du matériel industriel		3 000

◂

B. Informations à fournir en annexe

L'article 833-2 du PCG prévoit la mention et la justification du changement d'estimation dans l'annexe.

3 Corrections d'erreurs

Article 122-6 du PCG. Les corrections d'erreurs résultent d'erreurs, d'omissions matérielles ou d'interprétations erronées. Constitue également une erreur, l'adoption par l'entité d'une méthode comptable non admise.

▶ Exemples

Le calcul erroné d'une dotation aux amortissements ou encore l'oubli d'un enregistrement de provision pour litige sont des erreurs usuelles. ◀

A. Comptabilisation

L'impact de la **correction d'erreurs** est :

- calculé de façon prospective et,
- enregistré en résultat exceptionnel (sauf lorsqu'il s'agit de corriger une écriture ayant été directement imputée sur les capitaux propres).

▶ Exemple

Début N, une entité réalise qu'elle a omis d'enregistrer à l'actif des coûts de développement (3 000) alors que les conditions d'activation étaient réunies fin N – 1.

		01/01/N		
203		Frais de recherche et développement	3 000	
	7718	Autres produits exceptionnels sur opérations de gestion		3 000

◀

B. Informations à fournir en annexe

L'article 833-2 du PCG prévoit :

- la mention de la nature de l'erreur corrigée et de l'impact de la correction sur les comptes de l'exercice ;
- la présentation des principaux postes des exercices antérieurs présentés, corrigés de l'erreur.

LE + DE L'EXPERT

- Conformément au CGI, une entité peut décider de ne pas ou de ne plus comptabiliser un amortissement dérogatoire ou une provision réglementée.
- Les changements d'options fiscales ne constituent pas un changement comptable.

41 Collectivités territoriales

Mots-clés

Budget • Collectivité territoriale • Comptable public • Comptes • Équilibre budgétaire • Ordonnateur • Section de fonctionnement • Section d'investissement

1 Organisation comptable des collectivités territoriales

Définition

Les **collectivités territoriales** sont des personnes morales de droit public distinctes de l'État et bénéficiant, à ce titre, d'une autonomie juridique et patrimoniale.

Les régions, départements, communes et communautés de communes sont autant de collectivités territoriales.

A. Organisation générale des collectivités territoriales

La gestion des collectivités est assurée par une assemblée délibérante ou un conseil d'un côté (conseil municipal, départemental ou régional), élu au suffrage universel direct, et par un organe exécutif de l'autre (maire, président du conseil départemental/régional).

L'assemblée délibérante vote le **budget**, approuve le budget exécuté, administre le patrimoine. Le pouvoir exécutif, nommé par l'assemblée, exécute les décisions et le budget voté par celle-ci.

B. Organisation comptable des collectivités territoriales

La comptabilité des collectivités territoriales est encadrée par une instruction budgétaire et comptable :

- M 14 pour les communes ;
- M 52 pour les départements ;
- M 71 pour les régions.

C. Principe de séparation de la fonction d'ordonnancement et de contrôle

L'organisation comptable repose sur une séparation fondamentale entre l'exécution du budget voté et le contrôle de la bonne exécution de celui-ci. Ainsi, on distingue la fonction d'**ordonnateur** attribuée au pouvoir exécutif et la fonction de **comptable public** :

- L'ordonnateur est responsable de l'exécution du budget. C'est lui qui ordonne l'engagement des dépenses inscrites au budget et le recouvrement des recettes.
- Le comptable public est un fonctionnaire, chargé du recouvrement desdites recettes et du paiement des dépenses. Il est également responsable du contrôle de la légalité et de la régularité des opérations engagées par l'ordonnateur.

2 Outils de la comptabilité publique

On distingue deux outils importants de la comptabilité publique : le **budget** et les **comptes** publics.

A. Budget

Le budget est un outil de prévision et d'autorisation. Il permet de fixer *a priori* les dépenses et recettes d'un exercice. Il est voté par l'assemblée délibérante.

On distingue le budget primitif (premier budget voté avant le 1er janvier) du budget supplémentaire (qui reprend et ajoute au précédent le résultat de l'exercice précédent).

Enfin, on trouve des décisions modificatives du budget qui viennent ajuster ponctuellement le budget (ex. : pour effectuer des dépenses urgentes ou imprévues).

Le budget est établi et voté par nature (présentation classique du PCG) ou par fonction (éducation, culture, etc.). On y trouve deux sections :

- La **section de fonctionnement** qui reprend les recettes (impôts locaux par exemple) et dépenses courantes (traitements du personnel, dépenses d'entretien, etc.).
- La **section d'investissement** comprenant les opérations d'investissement et de financement de ces investissements.

Le budget voté doit être équilibré globalement et par section, dans le respect des règles d'**équilibre budgétaire**.

Le budget voté doit être équilibré globalement et par section. En cas d'excédent de ressources de fonctionnement, celui-ci peut être transféré à la section d'investissement. L'inverse est interdit.

Le principe d'équilibre budgétaire comporte quelques exceptions, à l'instar de l'amortissement comptabilisé en dépense de fonctionnement et en ressource d'investissement.

B. Comptes

Le compte est un outil de contrôle *a posteriori.*

Dualité des comptes publics

Compte administratif	• Tenu par l'ordonnateur • Retrace les opérations budgétaires sans contrepartie • Présentation en partie simple : réalisation du budget
Compte de gestion	• Tenu par le comptable public • Retrace les opérations budgétaires avec contrepartie • Présentation en partie double : réalisation du budget.

Le rapprochement des comptes permet de contrôler, dans un premier temps, la concordance des opérations.

C. Contrôle des comptes

Le contrôle des comptes s'effectue à deux niveaux :

- En interne : le comptable public s'assure de la régularité des opérations décidées par l'ordonnateur (existence des pièces justificatives, qualité de la signature, engagement des dépenses sur le bon article budgétaire…).
- En externe : il s'agit du contrôle budgétaire réalisé par le préfet en liaison avec les chambres régionales des comptes (CRC). Il porte sur quatre points :

– la date d'adoption et de transmission du budget ;
– l'équilibre budgétaire réel ;
– la date de vote, l'équilibre et le rejet éventuel du compte administratif ;
– l'inscription et le mandatement d'office des dépenses obligatoires.

3 Particularités des opérations comptables des collectivités territoriales

La comptabilité des collectivités territoriales suit les principes énoncés par le PCG à quelques exceptions près.

A. Amortissement

L'amortissement est pratiqué sur le mode linéaire. L'amortissement réel ou dégressif peut être adopté sur délibération. Par simplification, le prorata peut ne pas être appliqué.

L'amortissement est obligatoire pour les collectivités territoriales de plus de 3 500 habitants.

Les immobilisations telles que la voirie, les œuvres d'art et les terrains (hors terrains de gisement) ne sont pas à amortir.

B. Provisions

Les provisions doivent être comptabilisées dès lors qu'un risque apparaît (ouverture d'un contentieux, cours de change défavorable, etc.) en fin d'exercice au plus tard.

LE + DE L'EXPERT

À l'examen, les extraits des instructions administratives sont fournis afin de vous permettre d'enregistrer les opérations.

42 Associations

Mots-clés

Association • Contribution volontaire en nature • Fondation • Fonds dédié • Fonds de dotation • Legs et donation • Prêt à usage • Subvention d'exploitation • Subvention d'investissement

1 Les catégories d'associations

Définition

L'**association** est définie comme un groupement de personnes volontaires réunies autour d'un projet commun ou partageant des activités, mais sans chercher à réaliser de bénéfices. Elle peut avoir des buts très divers (sportif, défense des intérêts des membres, humanitaire, promotion d'idées ou d'œuvres...).

L'association est caractérisée par son but non lucratif ; il la distingue de la société. Cela ne signifie pas que l'association ne peut pas dégager un résultat positif. En revanche, elle ne peut le distribuer.

Parmi les organismes à but non lucratif, on distingue notamment les associations non déclarées (petite personnalité juridique) et les associations déclarées en préfecture (personnalité juridique classique).

Types d'organismes à but non lucratif

Associations reconnues d'utilité publique (décret en Conseil d'État)	Objet d'intérêt général permettant de bénéficier de dons et legs.
Associations agréées	Agrément de l'État : reconnaissance dans un domaine particulier.
Fondations	Cession irrévocable, par une ou plusieurs personnes physiques ou morales, de ressources, de biens ou de droits, en vue de la réalisation d'une œuvre d'intérêt général et à but non lucratif.
Fonds de dotation	Organismes de mécénat destinés à réaliser ou à aider un autre organisme à but non lucratif à réaliser une œuvre ou une mission d'intérêt général.

2 Les obligations comptables des associations

Le nouveau plan comptable 2018-06 du 5 décembre 2018 relatif aux comptes annuels des personnes morales de droit privé à but non lucratif s'applique, pour les exercices ouverts depuis le 1er janvier 2020, à « toutes personnes morales de droit privé non commerçantes, à but non lucratif, qu'elles aient ou non une activité économique, lorsqu'elles sont tenues d'établir des comptes annuels sous réserve de règles comptables spécifiques établies par l'Autorité des normes comptables » (PCG 2018, article 111-11).

Les organismes à but non lucratif tenus d'établir des comptes annuels sont les suivants :

– associations bénéficiant d'aides publiques ou de dons supérieurs à 153 000 € ;

- associations ayant une activité économique et remplissant au moins deux des trois critères suivants : bilan supérieur à 3,1 millions d'euros, CA excédant 1,55 millions d'euros, effectifs dépassant 50 salariés ;
- associations faisant appel à la générosité publique ;
- associations et fondations reconnues d'utilité publique ;
- **fonds de dotation**.

3 Les particularités comptables des fonds propres de l'association

On distingue :

- les apports de biens avec ou sans droit de reprise ;
- les legs et donations ;
- les réserves, report à nouveau et résultat (l'ensemble est appelé « excédent » s'il est positif, « déficit » s'il est négatif).

A. Les apports

Il peut être procédé à des apports avec ou sans droit de reprise, c'est-à-dire avec mise à disposition de l'association définitivement ou pour une période donnée. Les biens durables ainsi apportés sont inscrits en immobilisations en contrepartie du crédit du compte 102 – Fonds propres sans droit de reprise ou 103 – Fonds propres avec droit de reprise.

S'il s'agit d'un bien amortissable non renouvelé par l'association à l'issue de la période, il faut :

- Débiter le compte 103 – Fonds propres avec droit de reprise du montant de la dotation aux amortissements.
- Créditer le compte 7532 – Quotes-parts de dotation consomptible virée au compte de résultat.

B. Les donations et legs

Les **legs et donations** destinés à être conservés durablement par l'entreprise sont inscrits à l'actif en contrepartie du crédit du compte 102 lorsqu'il existe une stipulation du donateur/testateur de renforcer les fonds propres de l'association (règlement ANC 2018-06, art. 213-8).

Les biens obtenus par legs et donations destinés à être revendus sont inscrits :

- À l'actif dans le compte 24 – Biens reçus par legs ou donations destinés à être cédés en contrepartie d'un compte de produits.
- Si le bien n'a pas encore été cédé à la clôture de l'exercice, sa valeur est comptabilisée au passif dans le compte 191 – Fonds reportés liés aux legs ou donations avec pour contrepartie une charge (compte 6891 – Reports en fonds reportés).

C. Les subventions d'investissement

Les **subventions d'investissement** sont désormais comptabilisées comme dans les autres entités (↪ fiche 37). Les associations peuvent donc soit les enregistrer directement en produits, soit les enregistrer au passif en subvention d'investissement. Conformément au PCG, la subvention d'investissement est rapportée au résultat au fur et à mesure de l'amortissement du bien ainsi financé.

D. Le résultat

Le résultat des associations ne peut pas être distribué. En revanche, il peut être enregistré en réserves ou reporté à nouveau, sur décision de l'AG.

4 Les particularités comptables des autres ressources de l'association

A. Les subventions d'exploitation et fonds dédiés

Outre les subventions d'investissement, une association peut recevoir :

- des **subventions d'exploitation** enregistrées en produits dès la notification de leur attribution (↪ fiche 37).
- des contributions financières d'autres personnes morales de droit privé à but non lucratif (autres associations) ;
- des ressources liées à la générosité du public (dons manuels, mécénat, etc.), ou **fonds dédiés**.

Ces trois types de ressources peuvent être dédiés à des projets définis. Lorsqu'à la fin de l'exercice le montant de la ressource n'a pas été totalement épuisé pour la réalisation du projet, la partie non consommée est inscrite en charges (compte 689 – Reports en fonds dédiés) en contrepartie d'un passif (compte 19 – Fonds dédiés ou reportés). Au fur et à mesure de la réalisation du projet lors des exercices ultérieurs, le montant inscrit en compte 19 est reporté en contrepartie du crédit du compte 789 – Utilisation de fonds reportés et de fonds dédiés.

B. Les contributions volontaires en nature (CVN)

L'entité peut comptabiliser les **contributions volontaires en nature** dans des comptes de classe 8 :

- Au crédit, on recense les contributions volontaires par nature (comptes 870 – Bénévolat, 871 – Prestations en nature ou 875 – Dons en nature).
- Au débit, on enregistre les emplois en nature (comptes 860 – Secours en nature, 861 – Mise à disposition gratuite de biens, 862 – Prestations et 864 – Personnel bénévole).

Si l'entité comptabilise ces CVN, elle doit expliciter en annexe les modalités de recensement, de quantification et de valorisation de celles-ci. Si elle décide de ne pas les comptabiliser, elle mentionne « les motifs de cette décision et donne une information sur la nature et l'importance des contributions volontaires en nature » (règlement ANC 2018-06, art. 431-10).

Parmi les CVN, on trouve désormais les prêts à usage (prestation en nature en contrepartie d'une mise à disposition de biens) qui étaient auparavant inscrits à l'actif et au passif du bilan.

Définition

Le **prêt à usage** (ou commodat) est un contrat dans lequel une partie prête à titre gratuit à l'autre partie un bien non consomptible, qui devra être restitué après usage.

5 La présentation des comptes annuels

Le livre IV du règlement ANC 2018-06 établit les règles et fournit des modèles de présentation des comptes annuels pour les associations. Calqués sur le PCG, ces modèles intègrent les spécificités des associations.

Le règlement ANC 2018-06 impose un plus grand niveau de détail dans la présentation des produits d'exploitation et dans l'annexe comptable. Les associations faisant appel à la générosité publique doivent présenter des états spécifiques :

- Un compte de résultat par origine et destination.
- Un compte d'emploi annuel des ressources collectées auprès du public.

LE + DE L'EXPERT

À l'examen, le plan de comptes applicable aux entités spécifiques est fourni.

80582 - (I) - SOP 90 - 314U - PCA - NRI

JOUVE-PRINT
733, rue Saint-Léonard, 53100 MAYENNE
OF : 2956492U
Dépôt légal : septembre 2020

Imprimé en France